KB214834

복 있는 사람

오직 여호와의 율법을 즐거워하여 그 율법을 주야로 묵상하는 자로다.
저는 시냇가에 심은 나무가 시절을 좇아 과실을 맺으며 그 잎사귀가 마르지 아니함 같으니
그 행사가 다 형통하리로다. (시편 1:2-3)

두려움에 대한 탁월한 책이다. 저자는 우리를 괴롭히는 모든 두려움의 근원은 두려움의 결핍이라는 역설을 파헤친다. 진정한 두려움을 상실한 데서 온갖 두려움과 불안에 휩싸이게 된다는 것이다. 결국 모든 두려움의 유일한 해독제도 두려움이라는 것이다. 이 책은 우리 삶의 활력과 즐거움을 앗아 가며 마비시키는 그릇된 두려움을 몰아내고 우리를 천상의 기쁨과 생명으로 가득 채우는 올바른 두려움의 비밀이 무엇인지를 소상하게 알려 준다. 이 책을 읽으며 우리 안에 하나님에 대한 진정한 두려움과 경외함이 없는 것이 악이며 고통이라는 사실을 깊이 깨닫고 회개하게 된다. 동시에 하나님을 경외하는 것이 지혜의 근본일 뿐 아니라 참된 경건과 복의 근원이라는 진리를 새롭게 터득하며 기뻐하게 된다. 많은 이들에게 꼭 추천하고 싶은 책이다.

박영돈 고려신학대학원 교의학 명예교수, 작은목자들교회 담임목사

우리가 사는 이 시대는 하나님을 두려워하는 태도를 거부하며, 하나님을 향한 경건한 두려움이라는 개념 자체를 좋아하지 않는다. 그러나 성경과 기독교의 역사는 성도들이 하나님의 크신 사랑과 선하심, 놀라운 긍휼과 자비를 경험하게 될 때 하나님을 향한 경건한 두려움을 가지게 됨을 보여준다. 그것은 죄를 지은 아담이 느꼈던 하나님께로부터 우리를 멀어지게 하는 두려움이 아니라, 하나님의 사랑을 알고 하나님을 많이 사랑하는 데서 오는 압도적 떨림과 경건한 두려움이다. 그런 의미에서 마이클 리브스의 『떨며 즐거워하라』는 이 시대에 점차 잊히고 있는 경건한 두려움을 회복하고 그로 인한 복된 전율과 강렬한 기쁨을 가져다주는 귀한 책이기에 모든 사람이 읽기를 적극 추천한다.

화종부 남서울교회 담임목사

묵상의 내공이 남다른 마이클 리브스, 이번에는 두려움을 하나의 신학으로 승화시킨 작품을 출간했다. 그의 신작을 펼치는데 심장이 먼저 반응한다. 이 반응은 여호와 경외를 즐거움의 최고급 대상으로 여기신 예수님의 역설적인 경외론에 감전된 느낌이다. 기쁨과 미묘하게 결부된 두려움의 본색을 드러내고 두려움의 기막힌 쓸모를 가르치는 이 책은 불안과 혼돈의 시대를 살아가는 우리에게 필독서 목록의 아랫목을 차지함이 마땅하다. 부정적으로 보일 수 있는 감정도 선하게 쓰시는 하나님의 섭리가 단단한 문장으로 문서화된 이 책은 개인이든 교회 공동체든 경건의 등급을 한층 높여줄 것이라고 나는 확신한다. **한병수** 전주대학교 선교신학대학원 교의학 교수

현대인들은 종종 하나님을 향한 두려움을 경멸에 찬 의심의 눈으로 바라보곤 한다. 그러나 마이클 리브스는 경건한 두려움은 곧 하나님의 참모습을 알고 그분을 사랑하는 것임을 우리에게 보여준다. 그는 또 우리 속에서 하나님을 향한 두려움이 자라가도록 이끄는 가장 중요한 요소는 바로 그리스도 안에서 베푸시는 그분의 은혜를 아는 데 있음을 깨닫도록 돕는다. 존 버니언이 말했듯이, "온 하늘과 땅 가운데서 하나님의 은혜만큼 우리 마음에 깊은 경이감을 줄 수 있는 것은 없다." 리브스의 이 놀라운 책은 우리에게 진리를 가르칠 뿐 아니라 그 진리를 노래하고 있으며, 이를 통해 우리로 하여금 "떨며 즐거워하도록" 이끌어 간다(시 2:11).

조엘 R. 비키 퓨리턴 리폼드 신학교 총장

예전에 우리는 다음의 구절이 담긴 찬송가를 부르곤 했다. "오 살아 계신 하나님, 제가 얼마나 당신을 두려워하는지요! 저는 당신을 향해 가장 깊고 따스한 두려움을 품습니다." 이제 사람들은 더 이상 그 노래를 부르지 않지만, 그 찬송가의 첫 구절은 지금 우리가 놓치고 있는 것이 무엇인지를 상기시켜 준다. "나의 하나님, 당신은 얼마나 놀라우신 분이신지요. 당신의 위엄이 환히 빛납니다." 이처럼 하나님이 '놀라우신' 분이시며 그분의 위엄이 '환히 빛남'을 아는 이들만이 '따스한' 두려움을 체험하게 된다. 오늘날 우리는 이 점에서 문제를 안고 있다. 하지만 감사하게도, 이 책 『떨며 즐거워하다』에서는 이 문제를 극복하도록 도움을 준다. 이는 마이클 리브스가 자상한 맏형처럼, 우리로 하여금 주님을 향한 두려움을 신선한 관점에서 이해할 수 있도록 안내해 주기 때문이다. 리브스는 그 과정에서 우리에게 자신의 벗들 중 일부를 소개한다. 그들은 우리보다 앞서 그 길을 걸었던 이들로서, 제자도의 학교에 속한 대가들이다. 그러니 리브스와 함께 걷는 여정에 동참하기를 바란다. 당신은 곧 "주님께서 그분을 두려워하는 이들을 기뻐하시는" 이유를 발견하게 될 것이다(시 147:11).

싱클레어 B. 퍼거슨 리폼드 신학교 조직신학 교수

성경에 따르면, 주님을 두려워하는 일은 지혜의 시초가 된다. 『떨며 즐거워하다』를 읽을 때, 당신은 지혜를 얻어 하나님은 어떤 분이시며 그분이 우리에게 요구하시는 일이 무엇인지를 깨닫고 사랑이 담긴 제자도로 그분께 응답하게 될 것이다. 이 책 가운데는 역사적인 가르침들이 가득 담겨 있으며, 그렇기에 널리 읽힐 가치가 있다. "주님을 두려워하는 마음으로 행하라"는 것은 현대 교회에서 거의 사라져 버린 교훈이다. 그 결과 오늘날의 기독교는 많은 부분에서 활력을 잃게 되었다. 우리에게는 헤아릴 수 없이 위대하며 거룩하신 하나님의 속성에 대한 감각을 되찾는 일이 반드시 필요하며, 이 책에서 바로 그 해결책을 제시하고 있다. 귀중한 보석과도 같은 책이다.

데릭 W. H. 토머스
사우스캐롤라이나 주 컬럼비아 제일장로교회 수석목사. 리폼드 신학교 조직신학 및 목회신학 교수

우리의 시대는 거대한 두려움들에 사로잡혀 있다. 재정적인 붕괴나 테러리스트들의 공격에 대한 두려움, 기후 재난과 치명적인 전염병에 대한 두려움들이 그것이다. 이처럼 사람들은 온갖 두려움에 매여 있지만, 가장 중요한 한 가지 두려움만은 망각하고 있다. 그것은 바로 하나님을 향한 경건한 두려움이다. 그렇기에 리브스의 이 놀라운 연구서는 우리에게 절실히 요청되는 내용을 다루고 있다. 그가 살핀 '하나님을 향한 두려움'은 현세대에 많이 간과되고 있지만, 그것은 성경의 중심 주제일 뿐 아니라 인간 사회가 번영하는 데 꼭 필요한 개념이기도 하다.

마이클 A. G. 헤이킨 서던 뱁티스트 신학교 교회사 교수

이 책에서 마이클 리브스는 우리에게 절실히 필요하지만 미처 깨닫지 못했던 진리를 제공해 준다. 그것은 바로 주님을 향한 전율에 찬 두려움과의 새로운 만남이다. 이 책은 우리의 마음속에 헌신과 기쁨을 회복시켜 줄 것이다. 나는 이미 이 책을 읽었지만 다시 한번 읽고 싶은 마음이 샘솟는다!

샘 올베리 테네시 주 내슈빌 임마누엘 교회 목사

떨며 즐거워하다

Michael Reeves

Rejoice and Tremble

The Surprising Good News of the Fear of the Lord

떨며 즐거워 하다

하나님을 향한
경건한 두려움

마이클 리브스

송동민 옮김

Rejoice & Tremble

복 있는 사람

떨며 즐거워하다

2021년 11월 22일 초판 1쇄 발행
2022년 3월 14일 초판 2쇄 발행

지은이 마이클 리브스
옮긴이 송동민
펴낸이 박종현

(주) 복 있는 사람
주소 서울특별시 마포구 연남동 246-21(성미산로23길 26-6)
전화 02-723-7183(편집), 7734(영업·마케팅) 팩스 02-723-7184
이메일 hismessage@naver.com
등록 1998년 1월 19일 제1-2280호

ISBN 979-11-91987-15-7 03230

내 소중한 친구인 롭과 존에게

내 생각에, 어떤 이들이 완전한 우정을 누릴 때는 이 감사하는 사랑이 종종 깊고 견고한 모습으로 드러난다. 그리하여 그 벗들 가운데 속한 각 사람은 마음속으로 자신이 나머지 친구들보다 더 부족한 존재라는 생각을 품는다. 때로 그들은 자신이 이처럼 훌륭한 벗들 가운데서 무엇을 하고 있는지 의아하게 여긴다. 그리고 이 같은 벗들을 둔 일은 정말 행운이라고 믿는다. 특히 그 벗들이 한자리에 모여, 서로가 서로에게서 가장 탁월하고 슬기로운 모습과 가장 재미난 모습들을 이끌어 내는 경우에는 더욱 그러하다. 그러한 때는 진실로 황금 같은 시간이다. 이때는 네댓 사람이 고된 하루의 일과를 마치고 함께 방에 모인다. 그들은 실내화를 신고서 난롯불을 향해 발을 뻗은 채, 마실 것을 곁에 두고 서로 이야기를 나눈다. 그리고 그 대화 가운데서, 온 세상과 그 세상 너머에 있는 무언가가 그들의 마음속에 선명히 드러난다. 이때 서로가 서로에게 아무것도 요구하지 않으며, 어떤 책임도 부과하지 않는다. 마치 한 시간 전에 처음 만난 이들처럼, 모두가 동등한 자유인으로서 서로를 대한다. 이와 동시에, 오랜 세월 동안 깊어져 온 애정이 그들 모두를 감싼다. 우리의 자연적인 삶에서 이보다 더 소중한 선물은 없다. 과연 누구에게 이런 선물을 마땅히 받을 자격이 있다고 말할 수 있겠는가?

C. S. 루이스, 『네 가지 사랑』The Four Loves

차례

1장

겁내지 말라!

왁!

이것은 우리가 태어나서 처음으로 즐겨했던 말 중 하나다. 어린 시절에 우리는 친구들을 불쑥 뒤에서 덮치면서 이렇게 소리치곤 했다. 이와 동시에, 우리는 모두 어둠을 무서워했으며 침대 밑에 있는 괴물들을 겁냈다. 이처럼 우리는 자신이 품은 두려움들에 매혹되는 동시에 거부감을 느꼈다. 우리가 어른이 된 뒤에도 그런 모습은 크게 달라지지 않았다. 어른들은 공포 영화 보기를 즐기며, 그럼으로써 자신의 가장 깊은 두려움과 맞닥뜨릴 때 얻는 전율을 만끽한다. 하지만 자신의 삶에 닥쳐올 수 있는 온갖 암울하고 두려운 일들을 걱정하며 고민에 빠지기도 한다. 우리의 목숨과 건강 또는 사랑하는 이들을 잃을 수 있다는 염려, 우리가 실패하거나 거부당할 수 있다는 문제가 그런 일들이다. 아마도 두려움은 인간이 지닌 가장 강력한 감정일 것이다. 그런데 그 감정은 우리를 곤혹스럽게 만들기도 한다.

두려워할 것인가, 말 것인가?

우리가 성경에서 두려움에 관해 살필 때도 그 문제는 똑같이 혼란스럽게 여겨진다. 두려움은 좋은 것인가, 나쁜 것인가? 우리는 두려움을 받아들여야 하는가, 아니면 회피해야 하는가? 성경은 많은 경우에 분명히 두려움을 나쁜 것으로 간주하며, 그리스도께서 우리를 그 두려움에서 건져 내러 오셨다고 말한다. 사도 요한은 이렇게 기록했다. "사랑 안에 두려움이 없고 온전한 사랑이 두려움을 내쫓나니 두려움에는 형벌이 있음이라. 두려워하는 자는 사랑 안에서 온전히 이루지 못하였느니라"(요일 4:18). 그리고 세례 요한의 아버지인 사가랴는 예수님이 이루실 구원에 관해 다음과 같이 예언했다.

> 우리가 원수의 손에서 건지심을 받고
> 종신토록 주의 앞에서 성결과 의로
> 두려움이 없이 섬기게 하리라 하셨도다(눅 1:74-75).

히브리서의 저자도 이 점에 동의하면서, 그리스도께서 특별히 "죽기를 무서워하므로 한평생 매여 종노릇하는 모든 자들을 놓아 주"기 위해 오셨다고 언급한다(히 2:15). 실로 성경이 가장 자주 선포하는 명령은 바로 "겁내지 말라"다!

하지만 우리는 또한 성경에서 거듭해서 두려워하도록 부름을 받는다. 여기서 더욱 기이한 점은, 우리가 하나님을 두려워하도록 부름받는다는 것이다. 이때 곧바로 마음속에 떠오르는 구절은 잠언 9:10이다.

여호와를 경외하는(두려워하는) 것이 지혜의 근본이요
거룩하신 자를 아는 것이 명철이니라.

이 구절이 가장 잘 알려져 있기는 하지만, 하나님을 두려워해야 할 것에 관해 언급하는 구절은 이뿐만이 아니다. 잠언의 첫 부분에서 우리는 다음의 구절을 읽는다.

여호와를 경외하는 것이 지식의 근본이거늘
미련한 자는 지혜와 훈계를 멸시하느니라(1:7).

또한 다윗은 이렇게 기도한다.

여호와여, 주의 도를 내게 가르치소서.
내가 주의 진리에 행하오리니
일심으로 주의 이름을 경외하게 하소서(시 86:11).

이사야는 "여호와를 경외함(두려워함)이 네 보배니라"(사 33:6)고 선포하며, 욥기는 욥이 "온전하고 정직하여 하나님을 경외하"는 이였다고 서술함으로써 그의 신실함을 요약한다(욥 1:8). 이런 가르침은 그저 구약 특유의 현상으로서 신약에서는 찾아볼 수 없는 종류의 것이 아니다. 예수님의 어머니 마리아는 하나님을 찬양하면서 이렇게 노래했다.

> [여호와의] 긍휼하심이 두려워하는 자에게
> 대대로 이르는도다(눅 1:50).

예수님은 불의한 재판장을 "하나님을 두려워하지 않고 사람을 무시하는" 자로 묘사하셨다(눅 18:2). 바울은 이렇게 기록했다. "사랑하는 자들아, 이 약속을 가진 우리는 하나님을 두려워하는 가운데서 거룩함을 온전히 이루어 육과 영의 온갖 더러운 것에서 자신을 깨끗하게 하자"(고후 7:1). 그는 또 이렇게 권면한다. "종들아, 모든 일에 육신의 상전들에게 순종하되 사람을 기쁘게 하는 자와 같이 눈가림만 하지 말고 오직 주를 두려워하여 성실한 마음으로 하라"(골 3:22). 그러므로 신약의 입장은 전도서의 결론 부분에 담긴 다음의 가르침과 부합하는 것이 분명하다. "일의 결국을 다 들었으니 하나님을 경외하고 그의 명령들을 지킬지어다. 이것이 모든 사람의 본분이니라"(전 12:13).

사실 하나님을 향한 두려움은 성경에서 대단히 중요한 주제다.

그러므로 신학자 존 머리[John Murray]는 이렇게 기술했다. "경건의 정수는 하나님을 두려워하는 것이다."[1] 이와 마찬가지로 17세기의 청교도 신학자 존 오웬[John Owen]에 따르면, 성경에서 "여호와를 두려워하는 일"은 "도덕적으로나 의식적인 측면에서 하나님께 온전히 경배하며, 우리가 그분께 마땅히 드려야 할 모든 순종을 다하는 일"을 의미한다.[2] 또한 마르틴 루터[Martin Luther]는 자신의 소교리문답에서, 율법의 성취는 "우리가 그 무엇보다도 하나님을 두려워하고 사랑하며 신뢰하는 일"을 의미한다고 가르쳤다.[3] 루터는 자신의 독자들에게 십계명을 해설하면서, 각 계명에 대한 올바른 이해는 "우리가 하나님을 두려워하며 사랑해야 함"을 아는 일을 뜻한다고 서술했다.

이 모든 내용은 우리를 혼란스럽게 만들 수 있다. 한편으로, 우리는 그리스도께서 우리를 두려움에서 해방하신다는 말씀을 듣는다. 다른 한편으로는 마땅히 하나님을 향한 두려움을 간직해야 한다는 가르침을 받는다. 이런 상황에서 우리는 좌절감을 느끼면서, '하나님을 두려워해야 한다'는 것이 성경의 주된 사상이 아니기를 바랄 수 있다. 그 위에 무언가를 덧붙이지 않아도 이미 충분히 많은 일들을 두려워하기 때문이다. 그리고 '하나님을 두려워하는 일'을 그저 부정적으로 느끼며, 복음을 통해 접하는 사랑과 은혜에 찬 하나님의 모습과는 적절히 부합하지 않는다고 여긴다. 대체 사랑할 만한 성품을 지니신 하나님이 스스로 두려움의 대상이 되기를 원하실 이유가 어디에 있겠는가?

이런 문제들은 두려움과 사랑이 기독교에 속한 서로 다른 두 진

영 또는 두 신학의 흐름에서 각기 선호하는 어법이라는 인상 때문에 더욱 심각해진다. 한 진영은 하나님의 사랑과 은혜를 선포하며, 그분을 두려워하는 일에 관해서는 결코 언급하지 않는다. 또 다른 진영은 이런 상대편의 모습에 분개하면서, 우리가 얼마나 하나님을 두려워해야 마땅한지를 강조한다. 이때 그들은 '하나님을 향한 두려움'을 강조하면서, 마치 그분을 향한 그리스도인들의 사랑에 찬물을 끼얹는 듯한 태도를 취한다. 그러므로 우리는 '하나님을 두려워하라'는 그들의 가르침을 접하면서, 이것이 '건강을 위해 야채를 먹으라'는 잔소리와 비슷한 성격을 지닌 음울한 신학 사상 같다는 인상을 받는다. 즉 그 가르침은 마치 다른 모든 이들이 풍성한 식사를 즐기는 동안에 신학적인 '건강'에 집착하는 사람들이 유독 선호하는 맛없는 음식처럼 여겨진다.

이제 내 목표는 우리를 낙심시키는 이 혼란을 해소하는 것이다. 나는 복음이 신자들을 두려움에서 해방하는 동시에 두려움을 준다는 기이한 역설을 우리가 기뻐하기를 바란다. 복음은 인간의 삶을 망가뜨리는 두려움에서 우리를 해방하며, 대신에 한 가지 가장 기쁘고 행복하며 놀라운 두려움을 가져다준다. 또한 나는 우리를 종종 당혹스럽게 만드는 '하나님을 향한 두려움'the fear of God이라는 어구의 참된 의미를 밝히려고 한다. 성경 전체의 내용을 살피면서, 그리스도인들에게 그 어구는 사실 하나님을 겁내거나 무서워하는 일을 뜻하지 않는다는 점을 보여주는 것이 내 목표다.

실제로 성경이 지혜의 출발점으로 묘사하는 '하나님을 향한 두

떨며 즐거워하다

려움(경외)'을 살필 때, 우리는 많은 놀라움을 느낀다. 이는 그 두려움이 우리가 예상할 법한 성격을 지니지 않기 때문이다. 예를 들어, 우리는 이사야 11:1-3에서 성령이 충만한 메시아의 모습을 묘사하는 아름다운 구절을 접한다.

> 이새의 줄기에서 한 싹이 나며
> 그 뿌리에서 한 가지가 나서 결실할 것이요.
> 그의 위에 여호와의 영
> 곧 지혜와 총명의 영이요
> 모략과 재능의 영이요
> 지식과 여호와를 경외하는 영이 강림하시리니
> 그가 여호와를 경외함으로 즐거움을 삼을 것이며.

우리는 마지막 두 구절을 읽으면서, '여호와를 경외하는 일'이 무엇인지 의문을 품을 수 있다. 여기서 우리는 메시아가 '여호와를 향한 두려움'을 불편하거나 버거운 것으로 여기지 않았음을 본다. 메시아는 죄가 없고 거룩하며 온전한 존재였지만, 그 역시 '여호와를 향한 두려움'을 품어야 했다. 하지만 그는 그 일을 싫어하지 않았다. 이때 그는 하나님을 사랑하며 기뻐했지만 (불행하게도) 모든 의를 이루기 위해서는 또한 그분을 두려워해야 한다는 점을 발견한 것이 아니었다. 사실은 그와 정반대였다. 그의 위에 강림하신 영은 "여호와를 경외하는 영"이었으며, 그의 즐거움은 그분을 두려워하는 일에 있었다.

그러므로 우리는 이렇게 질문한다. "이 두려움은 과연 어떤 것이기에, 그리스도께서 그 일을 자신의 즐거움으로 삼으실 수 있었을까?" 분명 그 두려움은 부정적이며 음울한 의무 같은 것일 수는 없다.

오늘날에 존재하는 두려움의 문화

성경이 우리의 두려움과 '하나님을 두려워하는 일'에 관해 들려주는 복된 소식을 다루기 전에, 먼저 우리 문화권이 얼마나 깊은 불안에 사로잡혀 있는지를 헤아려 볼 가치가 있다. 지금 우리 사회가 어디쯤 와 있는지 살피는 일은 우리가 왜 두려움의 문제를 겪고 있으며, '하나님을 두려워하는 일'이 우리에게 꼭 필요한 원기 회복제가 되는 이유가 무엇인지 이해하는 데 도움을 준다.

　오늘날에는 모든 사람이 두려움의 문화에 관해 이야기하는 것처럼 보인다. 트위터에서 텔레비전에 이르기까지, 우리는 온갖 매체를 통해 전 세계의 테러와 극단적인 기후, 전염병과 정치적인 소란에 관해 염려한다. 정치적인 캠페인과 선거들 가운데서, 우리는 정치인들이 두려움의 수사학을 이용하는 것을 늘 목격한다. 이는 유권자들의 투표 성향이 자신의 두려움에 의해 좌우된다는 것을 그들이 알기 때문이다. 그리고 디지털화된 현대 세계에서, 정보와 소식들이 급속도로 전파되는 일은 우리가 이전의 어떤 시대보다도 더 많은 근심의 원인을 끌어안게 되었음을 의미한다. 예전이라면 결코 신경 쓰지 않았을 일들에 관한 두려움이 지금은 몇 초 만에 온 세계로 퍼져 나가며, 모든 이들이 깊은 우려를 공유하게 된다.

우리의 사적이며 일상적인 삶은 더욱 많은 걱정거리로 가득 차 있다. 한 예로, 우리의 식습관을 생각해 보자. 만일 식당에서 지방이 많이 함유된 메뉴를 고를 경우, 여러분은 장차 심장마비에 걸릴 수 있다. 하지만 다른 한편으로, 우리는 칼로리가 낮은 다른 음식들이 실제로는 암을 유발하거나 다른 방식으로 유해할 수 있다는 최근의 의학적 발견 역시 계속 접한다. 이처럼 낮은 단계의 두려움이 아침 식사 때부터 시작된다. 그리고 오늘날 자녀를 양육하는 부모들이 겪는 불안증을 생각해 보자. 지금은 유괴범이 인터넷이나 학교 바깥에서 자신의 자녀들을 납치해 갈 수 있다는 두려움이 널리 퍼져 있다. 그 두려움은 타당한 것이지만 대개는 지나치게 부풀려진 현상이다. 이런 두려움은 헬리콥터 양육 방식^{helicopter parenting}(부모가 자녀에게 지나친 관심을 기울이며 모든 일에 간섭하는 양육 방식―옮긴이)이 생겨나는 데 영향을 끼쳤으며, 부모들은 자신의 아이를 지키기 위해 점점 더 안전한 울타리 안에 그들을 가두게 되었다. 이제 각 대학들이 학생들을 보호하거나 격리하기 위해, 전례가 없는 '안전 공간'(소외나 차별을 겪는다고 느끼는 학생들이 자신의 감정을 소통할 수 있는 공간―옮긴이)을 마련하도록 압력을 받는 것도 놀랍지 않다. 지금 세대의 자녀들은 지나친 보호를 받으면서 자라났기 때문에, 자신의 입장과 반대되는 관점이나 비판에 적절히 대처할 수 있다고 기대되지 않는다. 이런 현상은 그저 그들이 한 세대 이전의 학생들보다 더욱 연약한 존재로 간주됨을 보여주는 하나의 지표일 뿐이다.

하지만 경멸적인 의미로 지칭되는 이른바 '눈송이 세대'^Generation Snowflake(이전의 세대들보다 유약하고 방어적으로 보이는 2010년대의 청년 세대를 가리키는 용어—옮긴이)에게만 문제가 있다고 보는 것은 잘못된 생각이다. 오히려 지금은 우리 사회에 속한 모든 세대가 점점 더 불안하고 불확실한 문화적 특징을 드러낸다. 조직체를 운영하는 사람이라면 누구든지 건강과 안전에 관한 온갖 규정과 절차가 계속 늘어나고 있음을 알 것이다. 그럼에도 우리는 자신이 이전보다 더 안전하다고 느끼지 못한다. 우리는 현관문이 잘 잠겼는지 거듭 확인하는 일에 더욱 집착한다. 이처럼 우리는 안전을 갈망하지만 그런 상태를 확보하지 못하며, 이에 따라 자신의 취약함을 느낀다. 우리는 마치 다른 모든 사람과 사물들의 형편에 따라 휘둘리는 희생자와 같은 처지에 있다.

여기에는 기이한 역설이 존재한다. 이는 우리가 이전의 어떤 시대보다 더 안전한 세상에서 살기 때문이다. 지금 우리는 안전벨트와 에어백이 장착된 차를 타며, 납이 함유되지 않은 페인트와 석면이 제거된 집에서 거주한다. 이처럼 우리의 삶은 수명이 짧았던 선조들의 경우보다 더욱 안전하게 보호받는다. 또한 우리에게는 항생제가 있으며, 이 물질은 과거의 다른 시대에서는 십중팔구 죽음을 가져왔을 질병으로부터 지켜 준다. 하지만 그 사실을 기뻐하기보다, 우리에게 그 물질에 대한 내성이 생겨서 '항생제 이후의 대재앙에 처한 세계'로 치닫는 것은 아닌지 염려한다. 지금 우리는 인류 역사의 다른 어떤 사회보다 더 풍요롭고 편안하며 안전한 삶을 누린다. 그럼에도 안전은 마치 우리 문화권의 '성배'$^{holy\ grail}$(최후의 만찬 때 예수님이 쓰셨던 포도주 잔—옮긴이)와 같은 것이 되었다. 그 성배와 마찬가지로, 그것은 우리가 결코 도달할 수 없는 하나의 목표가 되었다(중세의 전설에 따르면, 아서 왕의 기사들이 성배를 찾아 나섰지만 결국 획득하지 못했다—옮긴이). 이처럼 우리는 이전의 어떤 시대보다 더 많이 보호받지만, 이전보다 더욱 많은 불안감과 두려움에 시달린다.

이런 현상은 어떻게 가능한가? 오늘날 우리 사회가 잘 보호받고 있음에도 불구하고 두려움의 문화가 그 속에 강력히 자리 잡은 이유는 무엇인가? 프랭크 푸레디$^{Frank\ Furedi}$ 교수는 이에 관해 이렇게 언급한다. "미국인들이 과거의 어떤 시대보다 두려워할 일이 덜한 이 시대에 더 많은 두려움을 품는 것은 수많은 학자들을 당혹스럽게 하는 문제다. 이 '안전한 사회의 역설'을 해명하기 위해 사용되는 한 가지 논증은, 번영이 사람들로 하여금 위험과 상실을 더욱 회피하는 성향을 지니게 한다는 것이다."[4]

이런 논증에는 약간의 타당성이 있다. 우리에게는 분명 더 많은 것을 원하고 소유할 자유와 기회가 있으며, 종종 자신에게 더 많은 것을 누릴 권리가 있다고 느낀다. 그리고 우리가 어떤 것을 더욱 간절히 원할수록, 그것의 상실을 더욱 두려워하게 된다. 우리 문화가 쾌락을 지향하며 종교가 심리 치료의 성격을 띨 때, 그리고 우리가 개인적인 행복감에 삶의 목표를 둘 때, 두려움은 우리 마음속에 늘 존재하는 골칫거리가 된다. 하지만 푸레디는 '안전한 사회의 역설' 가운데는 더 깊은 원인이 자리 잡고 있다고 주장한다. 그에 따르면,

우리가 자신의 두려움에 잘 대처하지 못하게 하며 불안감이 자라게 하는 것, 그리하여 우리의 삶을 보호하기 위해 세워진 울타리의 숫자가 늘어나는 것은 바로 이 사회의 도덕적인 혼란 때문이다.

푸레디가 열렬한 인본주의자로서 그리스도인이 아니라는 점을 고려할 때, 그의 이런 주장은 특히 흥미롭다. 그가 우리 문화 속에 존재하는 불안의 깊은 원인을 찾아내려 한 것은 분별력 있는 동시에 분명히 옳다. 그러나 나는 그가 그 원인을 충분히 깊게 파고들지 못했음을 언급하고 싶다. 푸레디의 주장은 곧 도덕적인 혼란 때문에 우리 사회가 불안에 빠지게 되었다는 것이다. 하지만 내가 볼 때 도덕적 혼란 자체도 그보다 앞서 어떤 것이 상실된 결과로 벌어진 현상이다. 즉 그것은 우리 문화에서 하나님을 향한 두려움이 사라졌기 때문에 나타난 결과다. 우리의 삶 속에 도덕성의 논리와 구조를 베풀어 주시는 분은 바로 하나님이다. 사람들이 더 이상 그분을 두려워하지 않을 때, 도덕적인 혼란이 필연적으로 뒤따른다. 이 점을 달리 표현하면, 도덕적 혼란은 우리가 처한 불안의 근원적인 뿌리가 아니다. 오늘날 우리가 겪는 도덕적 혼란과 전반적으로 심화된 불안의 상태는 모두 우리 문화가 두려움의 합당한 대상이 되시는 하나님을 잃어버렸기 때문에 생겨난 불행한 결과다.[5] (내가 이 책에서 보여주려는 바와 같이) 이전에 하나님을 향한 두려움은 행복하고 건강한 특징을 지녔으며, 다른 모든 두려움을 통제하며 그것들의 성격을 규정짓는 역할을 했다. 그럼으로써 그 두려움은 사람들의 불안을 가라앉혀 주었다.

오늘날의 사회가 건강한 두려움의 합당한 대상이 되시는 하나님을 잃어버렸으므로, 우리 문화는 필연적으로 더욱 신경증적인 상태가 되어 아직 알려지지 않은 일들에 대해 불안해하는 모습을 드러낸다. 실로 우리는 모든 일에 관해 점점 더 깊은 불안감을 품는다. 하나님의 따스하고 자애로운 섭리와 돌보심에 의존하지 않을 때, 우리는 이 세상의 도덕성과 실재가 종잡을 수 없이 변화하는 상황 속에서 철저한 불확실성에 빠지게 된다. 그리고 하나님이 현재의 문화에서 추방되었기에, 이제는 개인의 건강에서부터 지구의 환경 문제에 이르는 다른 관심사들이 우리 마음속에서 신적이며 궁극적인 위치를 차지한다. 그 자체로는 선한 일들이 오히려 잔인하고 냉혹한 우상이 되었으며, 따라서 우리는 자신이 무력하고 취약한 존재가 되었음을 느낀다. 이제 우리 사회는 하나님께 든든히 닻을 내리고 있지 않기에, 막연한 불안이 가득 찬 상태로 놓여 있다. (두려움이 어떤 구체적인 대상에 대한 반응이라면, 불안은 하나의 전반적인 상태에 가깝다. 이를테면, 그것은 우리의 삶을 감싸는 일종의 분위기와 같다. 그러므로 불안은 어떤 것에 관해서든 생겨날 수 있으며, 순식간에 그 모습이 바뀔 수도 있다. 즉 우리는 어느 한 순간에 흉기를 이용한 범죄에 관해 우려하다가, 그다음 순간에는 기후 변화에 관해 염려한다.)

무신론의 두려운 유산

우리 문화가 겪는 불안의 근본 원인은 하나님을 향한 두려움을 잃어버렸기 때문이라는 내 주장은 무신론에 큰 타격을 입힌다. 이는 무신론이 이와 정반대되는 것을 약속했기 때문이다. 무신론자들은 사람들이 하나님에 대한 믿음에서 해방될 때 비로소 두려움에서 벗어나게 된다는 사상을 선전해 왔다. 버트런드 러셀^{Bertrand Russell}은 1927년에 행한 유명한 강연인 '나는 왜 기독교인이 아닌가'에서 이 점을 다음과 같이 주장한다.

내 생각에 종교는 주로 두려움에 기반을 둡니다. 그 두려움은 한편으로 미지의 영역에 대한 공포심이며, 다른 한편으로는 이미 언급했듯이 살면서 겪는 온갖 어려움과 다툼 가운데서 우리 편이 되어 줄 일종의 큰 형님을 얻으려는 바람에 기인한 것이기도 합니다. 두려움, 곧 불가사의한 일들과 패배 그리고 죽음에 대한 두려움은 이 모든 일의 토대가 됩니다. 두려움은 잔인함을 낳습니다. 따라서 인류의 잔인함과 종교가 서로 밀접하게 연관되었던 일은 놀랍지 않습니다. 이는 이 두 가지 모두의 바탕에 두려움이 자리 잡고 있기 때문입니다. 이제 우리는 이 세상에서 과학의 힘을 빌려 조금씩 사물의 본질을 이해하며 정복해 갈 수 있습니다. 지금까지 과학은 기독교 신앙과 교회 그리고 온갖 낡은 규범의 저항을 무릅쓰면서 한 걸음씩 전진해 왔습니다. 과학은 인류가 오랜 세월 갇혀 살아 온 이 소심한 두려움을 극복하도록 도와줄 수 있습니다. 과학은 더 이상 가상의 조력자나 하늘의 협력자를 마음속에서 만들어 내거나 찾아 헤매지 말고, 바로 이곳에서 자신이 쏟는 노력에 의존해서 이 세상을 더 살 만한 곳으로 만들어야 한다는 점을 가르

떨며 즐거워하다

처 줍니다. 내 생각에 이것은 우리 마음속을 정직히 들여다봄으로 얻을 수 있는 교훈입니다. 그리할 때 이 세상은 지난 여러 세기 동안 교회가 만들어 온 것과는 다른 모습을 띤 곳으로 변화될 것입니다.[6]

여기서 러셀은 그리스도인들이 하나님을 두려워하는 일이 어떤 의미를 지니는지 심각하게 오해한다. 그의 예언이 얼마나 그릇된 것으로써 드러났는지를 생각할 때, 우리는 웃음을 참기 어렵다. 그가 위의 말들을 한 뒤로 거의 한 세기가 지났는데, 이제는 가장 시야가 어둡고 흐릿한 사람들까지도 우리 사회가 하나님을 향한 두려움을 떨쳐 버림으로써 더 행복하고 편안한 곳이 되지는 않았음을 뚜렷이 알게 되었다. 사실은 그와 정반대였으며, 이 점은 확고한 무신론자로서 아마도 현대에 퍼진 두려움의 문화에 대한 세계적인 전문가인 푸레디 교수까지도 인정한다.

물론 우리 자신의 힘에 의존하면서 하나님을 향한 두려움에서 벗어날 때 더 큰 유익을 얻는다고 주장한 사람은 러셀만이 아니었다. 계몽주의 운동의 전제는 바로 인간의 지식이 진보할 때 우리가 겪는 문제와 미신적인 두려움이 해소된다는 것이었다. 인간의 이성에 대한 이 같은 확신은 크리스티안 볼프 Christian Wolff의 방대한 야심작인 『하나님과 세계, 인간의 영혼 그리고 모든 사물에 관한 이성적 사유』 Reasonable Thoughts about God, the World, the Human Soul, and All Things in General, 1720의 앞부분에 있는 삽화에서 고전적으로 묘사되었다. 그 그림은 행복한 지식의 태양이 신앙에 속한 음울한 옛 세상을 환하게 비추면서, 두려움과 미신의 어둠과 그림자를 물러가게 하는 모습을 보여준다. 18세기 당시에 이 것은 기분 좋은 상상이었을 것이다. 하지만 그 이후에 실제로 이루어 진 일은 그와 정반대였다. 오늘날 우리는 대개 스마트폰과 GPS에 애 착을 품으면서도, 지식의 진보가 꼭 유익하지는 않음을 인정한다. 이 는 새로운 기술로 인해 우리가 미처 예견하지 못했던 결과들이 생겨 났다는 사실이 이제는 명백해졌기 때문이다. 예를 들어 처음으로 스 마트폰을 구입했을 때, 여러분은 그것이 자신의 사회적인 행동 방식 이나 수면 패턴에 어떤 영향을 미칠지 미처 헤아리지 못했을 것이다. 여러분이 처음으로 소셜 미디어(페이스북이나 블로그 등의 온라인 콘텐 츠—옮긴이)에 참여했을 때 그 일이 가져다줄 잠재적인 유익을 헤아 려 보았겠지만, 그로 인해 자신이 타인에게 잊힐지도 모른다는 두려 움fear of missing out이 더 커질 수도 있음은 미처 알지 못했을 것이다. 이처 럼 더 많은 지식이 반드시 두려움이 줄어듦을 의미하지 않는다. 오히 려 그 일은 더 큰 두려움을 의미하는 경우가 자주 있다.

그런데 아마도 가장 큰 역설은, 현재 '계몽'되었으며 신을 믿지 않는 우리 사회를 가득 채우고 있는 막연한 불안은 곧 지식에 의해 근절될 것이라고 여겼던 그 동일한 원시적인 미신에 불과하다는 것 이다. 1866년에 찰스 킹슬리Charles Kingsley는 런던의 왕립 과학 연구소에 서 '미신'이라는 제목으로 강연했다.[7] 그 강연에서 그는 미신을 '우리 에게 알려지지 않은 일들에 대한 두려움으로서 이성의 인도를 받지 않는 감정'으로 규정했다. 지금 우리 사회에서 나타나는 불안의 모 습은 이러한 성격을 띤다. 한편 우리가 품은 두려움이 실제로는 미

떨며 즐거워하다

신적이라는 점이 눈앞에 늘 명백히 드러나지는 않는다. 이는 킹슬리가 언급했듯이, 우리는 늘 자신의 미신적인 두려움이 이치에 맞는 것처럼 보이려고 애쓰기 때문이다. 킹슬리는 이 점을 입증하기 위해 15세기의 주술 교과서였던 『말레우스 말레피카룸』*Malleus Maleficarum*의 예를 든다. 이 문헌은 마녀 사냥을 하나의 학문으로 승격하려고 시도하면서, 마녀들에 대한 두려움과 그들을 찾아내려는 미신적인 충동을 자극하기 위해 그 충동에 외관상 과학적인 토대를 부여한다. 『말레우스 말레피카룸』에 따르면, 우리는 주변에 마녀들이 실제로 존재한다는 것을 의심할 수 없다. 그것은 곧 합리적이며 과학적으로 입증할 수 있는 문제라는 것이다. 하지만 킹슬리는 그것이 실제로는 미신이었음을 지적한다. 그의 시대에는 지식의 커다란 진전이 이루어졌지만, 이처럼 의심 없이 받아들여지며 사람들의 두려움을 불러일으키는 또 다른 미신들이 여전히 남아 있었다. 그러므로 그저 지식과 기술의 진보만으로 우리의 두려움이 제거되지는 않는다.

그렇다면 우리가 속한 문화는 이 모든 불안을 어떻게 해소하는가? 우리 사회는 본질적으로 세속적인 정체성을 지니기 때문에, 결코 하나님께 의존하는 모습을 보이지 않는다. 따라서 유일한 해결책은 우리 스스로 그 문제들을 처리하는 것일 수밖에 없다. 이로 인해 계몽주의 이후의 서구 사회는 사람들의 두려움을 의학적인 관점에서 접근하는 태도를 보여 왔다. 이제 두려움은 약물로 치료해야 할 다루기 힘든 질병인 것이다(여기서 내 말은 사람들의 불안을 완화하기 위해 약물을 쓰는 것이 잘못이라는 의미가 아니다. 다만 그런 약물이 때로는 중요한 역할을 할지라도 결국은 임시방편일 뿐이며, 궁극적인 해결책이 되지는 못한다는 점이다).[8] 하지만 하나의 질병을 퇴치하는 것과 같은 태도로 사람들의 두려움을 제거하려고 시도한 결과, '편안함'(두려움이 전혀 없는 상태)은 실질적으로 건강 문제에 속한 범주, 심지어는 하나의 도덕적인 범주가 되었다. 과거에는 우리가 겪는 '불편함'이 매우 정상적인 상태—그리고 특정한 상황에서는 매우 합당한 상태—로 간주되었지만, 이제 그것은 본질적으로 건강하지 못한 상태로 여겨지게 되었다. 한 예로, 토론 중에 어떤 학생이 이렇게 말한다고 해 보자. "나는 당신의 견해를 불편하게 느낍니다." 이때 그 학생은 이 말을 추가적인 논의를 막기 위한 타당한 논증으로 간주한다. 이제는 누군가를 불편하게 만드는 일이 사회적으로 옳지 않기 때문이다.

이런 특징들은 불안과 두려움이 가득한 현대의 사회와 문화 속에서, 우리의 두려움이 철저하게 부정적인 감정으로 점점 더 간주되고 있음을 의미한다. 그리스도인들은 거대한 여론의 흐름에 휩쓸려, 모든 두려움을 부정적으로 여기는 사회의 분위기를 그대로 받아들인다. 따라서 하나님을 향한 두려움이 성경과 기독교 사상의 역사에서 중요한 위치를 지님에도 불구하고, 그 두려움에 관해 언급하기를 꺼리는 것은 이상하지 않다. 이 일은 충분히 이해할 수 있지만, 그럼에도 분명 비극적인 현상이다. 이는 불안이 가득한 현대 사회에서 사람들이 하나님을 향한 두려움을 잃어버렸지만, 그 두려움이야말로 우리가 겪는 불안감에 대한 해독제가 되기 때문이다.

더 나은 방식으로 말하기

오늘날의 상황과는 달리, 하나님을 두려워하는 자세를 취했던 과거의 그리스도인들은 우리가 겪는 두려움의 감정에 관해 유연하고 낙관적이며 균형 잡힌 태도로 언급할 수 있었다. 그 예는 마지막 세대의 청교도 중 하나였던 존 플라벨John Flavel이다. 플라벨은 그의 고전적 작품인 「두려움에 대한 실천적인 논문」A Practical Treatise on Fear에서, 우리가 겪는 두려움이 초래할 수 있는 정신적인 고통을 주의 깊고 세심한 태도로 서술한다.

> 하나님이 창조하신 모든 피조물 가운데서, 인간은 자기 자신을 괴롭히기가 가장 쉬운 존재다(마귀를 제외할 경우에 그러하다). 인간이 자기 몸과 마음에 부과하는 온갖 골칫거리 가운데서, 자신의 두려움만큼 잔인하고 무정한 것은 없다. 시대의 정황이 악화될수록, 우리는 도움과 격려를 더욱 필요로 하기 마련이다. 이는 우리에게 힘든 일들을 맞닥뜨리고 이겨 낼 용기와 담력이 요구되기 때문이다. 하지만 두려움은 최악의 전망을 우리 앞에 던져 놓으며, 이로써 우리 마음은 가장 깊고 치명적인 상처를 입는다. 이때 우리가 지닌 내적인 용기와 인내력의 근원이 끊겨 나가기 때문이다.[9]

하지만 플라벨은 이런 두려움의 전망 앞에서도 (우리의 문화와 같이) 불안감에 휩싸여 점점 더 침체되는 모습을 보이지는 않는다. 오히려 그는 긍정적인 태도로 우리에게 유익을 끼치는데, 이는 그가 이 문제에 관해 명확하고 복된 답을 지니고 있기 때문이다. 그에 따르면, 우리가 품는 많은 두려움의 뿌리에는 우리의 불신앙이 있다.

> 만약 우리가 품은 두려움들을 근원까지 파고든다면, 분명 그곳에서 자신의 불신앙을 발견할 것이다. 주님은 이렇게 말씀하신다. "어찌하여 무서워하느냐, 믿음이 작은 자들아"(마 8:26). 믿음이 작을수록 우리는 더 큰 두려움을 품는다. 우리의 두려움은 불신앙을 통해 생겨나며, 우리의 불신앙은 그 두려움을 통해 강화된다.……따라서 하나님이 먼저 우리의 불신앙을 고쳐 주시기 전까지는, 이 세상에 있는 어떤 의술로도 우리에게 있는 이 두려움의 질병을 제거할 수 없다. 그러므로 그리스도께서는 제자들의 불신앙을 꾸짖음으로 그들이 품은 두려움을 올바른 방식으로 제거해 주셨다.[10]

불안은 불신앙의 토양에서 가장 잘 자라나며, 믿음과 대면할 때 시들어 버린다. 그리고 플라벨이 글의 나머지 부분에서 보여주듯이, 우리의 믿음은 하나님을 향한 두려움을 통해 풍성한 양분을 얻는다.

장미는 그것이 다른 이름으로 불리더라도 똑같은 향기를 낸다

오늘날의 대중적인 인식과는 달리, 플라벨은 모든 두려움이 똑같이 해롭거나 건강하지 못한 것 또는 불쾌한 것은 아님을 알았다. 그는 우리가 서로 다른 종류의 두려움, 곧 그릇된 두려움과 올바른 두려움 사이를 구분해야 한다고 주장한다.[11] 이것이 우리가 여기서 착수하려는 작업이다. 이제 우리는 성경이 서로 다른 종류의 두려움, 곧 부정적인 유형과 긍정적인 유형에 속한 두려움을 어떻게 자세히 분류하는지 살펴보려 한다. 그렇게 할 때, 성경이 권면하는 '하나님을 향한 두려움'이 우리를 괴롭히는 다른 두려움들과 비슷한 어감을 지닌다는 이유로 그것을 거부하지 않아도 된다는 사실을 알고서 기뻐하게 된다. 그때 우리는 그 두려움이 오히려 그리스도와 그분의 백성에게 큰 즐거움을 가져다준다는 진리를 헤아릴 수 있다. 이는 우리의 깊은 불안을 해소해 주며, 긍정적인 동시에 경이로운 두려움이 된다.

2장
죄악된 두려움

우리는 모두 두려움이 무엇인지 안다. 두려움을 경험할 때 우리의 몸은 반응한다. 이때 아드레날린이 분비되면서 심장 박동이 빨라지고 호흡이 가빠지며, 온 몸의 근육이 긴장한다. 그리고 우리의 뇌는 극도의 경계 태세를 취하게 된다. 우리가 롤러코스터를 타거나 중요한 스포츠 경기를 관람할 때 경험하듯이, 이런 두려움은 종종 강렬한 재미를 가져다준다. 하지만 이 두려움은 때때로 우리 몸속에서 '편도체 납치'amygdala hijack(뇌의 편도체가 지나치게 활성화되어 이성적인 사고가 마비되는 현상—옮긴이)를 일으킨다. 이때 우리는 극도의 공포감에 사로잡혀, 아무런 생각도 하지 못한 채로 그저 벌벌 떨면서 땀을 흘린다.

이런 신체적인 경험의 배후에는 하나의 공통적인 개념이 있다. 그것은 우리가 통제할 수 없는 어떤 일을 직면할 때 두려움을 느낀

떨며 즐거워하다

다는 것이다. 사랑하는 대상을 잃거나 무언가 해로운 일을 겪게 될 가능성을 마주할 때, 우리는 두려움에 빠진다. 심지어 우리는 무언가 멋진 일을 누리게 될 전망이 있을 때도 두려움을 품곤 한다. 이는 그 일이 우리에게 일어나기가 불가능할 정도로 멋지게 보이는 경우다. 네덜란드의 신학자 빌헬무스 아 브라켈^{Wilhelmus à Brakel}은 이 문제의 본질을 파고들면서 "두려움은 사랑에서 나온다"고 설명했다.[1] 즉 우리가 무언가를 사랑하기 때문에 두려움을 품는다는 것이다. 우리는 자신을 사랑하며, 따라서 나쁜 일들이 우리에게 일어날까 봐 두려워한다. 또한 우리는 가족과 재산과 친구들을 사랑하며, 그들을 잃을까 봐 두려워한다.

하지만 우리는 사랑하는 대상을 잃는 일만을 두려워하는 것은 아니다. 기이하게 들릴 수 있지만, 우리는 사랑스러운 대상 자체를 두려워하기도 한다. 아마 여러분은 우리가 추하고 혐오스러운 광경으로부터만 고개를 돌릴 것이라고 생각할 것이다. 하지만 우리는 실제로 심오한 아름다움을 직면할 때도 시선을 돌릴 수밖에 없는 자신을 발견한다. 이는 그 대상이 지닌 사랑스러움 자체가 우리를 압도하기 때문이다. 그러므로 신랑은 때로 자신이 사랑하는 이의 눈을 들여다보기를 꿈꾸면서도, 그녀가 너무 아름답고 사랑스럽기 때문에 계속 그 시선을 유지하지 못하는 일들을 겪는다. 이전에 J. R. R. 톨킨^{Tolkien}은 이런 감정을 '아름다움에 대한 두려움'이라고 불렀으며, 자신이 판타지 장르를 사랑하는 이유도 여기에 있다고 설명했다.

나는 용들에 관해 심오한 갈망을 품어 왔다. 물론 나는 심약한 사람이 기에, 그 용들이 실제로 내 주변에 머물면서 상대적으로 안전한 나의 세계 속으로 침입해 오기를 바라지는 않았다. 지금 내가 속한 이 세계 에서는 마음의 평안을 간직한 채 아무 두려움 없이 그 이야기들을 읽 어 나가는 일이 가능하기 때문이다. 하지만 파프니르^{Fáfnir}(북유럽의 오래 된 전설에 등장하는 사악한 용―옮긴이)에 관한 상상이 담겨 있는 그 세계 는 더욱 풍성하고 아름다웠으며, 그 속에 어떤 위험 요소가 자리 잡고 있을지라도 그러했다.[2]

물론 자신이 풍성하고 선하며 아름다운 일들을 실제로 두려워한다 는 사실을 우리가 직관적으로 인식하지는 못한다. 하지만 용들이 돌 아다니는 위험한 세계가 톨킨에게 두려우면서도 매혹적으로 다가왔 듯이, 선한 일들 역시 우리에게 기쁨이 담긴 두려움을 가져다줄 수 있다. 성공에 대한 두려움이 실패에 대한 두려움보다 종종 더 강력한 힘을 지니는 이유가 여기에 있다. 이는 평범함과 실패는 때로 편안하 고 부담 없는 친구처럼 다가오는 반면에, 자신이 성공을 거둘지도 모 른다는 가능성은 깊은 중압감을 안겨줄 수 있기 때문이다. 우리는 실 로 연약한 존재이기에, 어떤 위대한 일이나 우리에게 생명력과 기쁨 을 가져다주는 일들에 직면할 때 그것이 자신이 감당할 수 있는 한 계를 넘어선다고 느낄 수 있다.

또한 두려움은 우리 마음속에서 하나의 습관을 형성하는 경향 이 있다. 즉 우리가 어떤 일을 두려워할수록, 그 일에 더욱 마음을 빼

앗기며 그것을 쉽게 떨쳐 버리지 못하게 된다. 이에 관해 존 버니언
John Bunyan 은 이렇게 언급한다.

> 모든 두려움은―그 두려움이 좋은 것이든 나쁜 것이든 간에―본성적
> 으로 우리 마음을 인도하여 그 두려움의 대상을 숙고하게 만드는 경향
> 이 있다. 그 대상에 관한 생각을 떨쳐 버리려고 아무리 애쓸지라도, 다
> 음에 두려움이 또다시 찾아올 때에는 우리의 생각이 이내 그 대상에게
> 로 돌아가게 된다(이는 그 대상이 사람이나 지옥, 마귀나 다른 무엇이든 간
> 에 마찬가지다).[3]

이처럼 두려움의 대상이 우리를 매혹하든지 또는 혐오감을 주든지,
우리의 모든 두려움은 몇 가지 공통적인 특징을 지닌다. 그 두려움은
우리가 사랑하는 일들로부터 생겨나는 동시에 우리의 신체를 흥분
시키며, 우리 마음을 특정한 상태로 고착시킨다. 이를테면 우리가 품
은 두려움들은 하나의 공통적인 DNA를 지닌다.

　하지만 우리에게 서로 다른 종류의 두려움들이 존재함을 인식
하는 것 역시 중요하다. 이 점에 관해 혼동하는 것은 치명적인 결과
를 가져올 수 있다. 예를 들어, 우리 문화권에서 하나님을 두려워하
는 태도를 떨쳐 버린 일과 교회 역시 그런 흐름에 대체로 굴복해서
'하나님을 향한 두려움'을 잘 거론하지 않는 일에 관해 일부 그리스
도인들이 보이는 반응을 생각해 보자. 그들은 현재의 기독교계 가운
데서 하나님을 경외하고 그분께 경배하는 태도가 사라진 것을 보면

서, 이 문제의 해답은 다시금 사람들이 하나님을 겁내도록 만드는 일이라고 판단하는 듯하다. 그들은 마치 하나님을 향한 우리의 사랑이 그분을 겁내는 일을 통해 조절될 필요가 있다고 여긴다.

그러나 성경은 하나님을 두려워하는 일에 관해 이들과는 다른 방식으로 언급한다. 예를 들어 출애굽기 20장을 살펴보자. 이 본문은 이스라엘 백성들이 시내 산에 모인 일을 묘사한다.

> 뭇 백성이 우레와 번개와 나팔 소리와 산의 연기를 본지라. 그들이 볼 때에 떨며 멀리 서서 모세에게 이르되 당신이 우리에게 말씀하소서 우리가 들으리이다. 하나님이 우리에게 말씀하시지 말게 하소서 우리가 죽을까 하나이다. 모세가 백성에게 이르되 두려워하지 말라. 하나님이 임하심은 너희를 시험하고 너희로 경외하여 범죄하지 않게 하려 하심이니라(18-20절).

여기서 모세는 하나님을 겁내는 일$^{being\ afraid\ of\ God}$과 그분을 두려워하는 일$^{fearing\ God}$을 서로 대조한다. 그에 따르면, 하나님을 두려워하는 이들은 그분을 겁내지 않게 된다. 그런데 모세는 '두려움'을 나타내는 하나의 동일한 어근 ירא, yr'을 써서 이 두 용어를 모두 표현한다(יָרֵא, 야레/יָרָא, 이르아). 그러므로 이 본문은 서로 다른 종류의 두려움을 제시하며, 우리는 하나님을 향한 서로 다른 유형의 두려움이 나타난다고 말할 수 있다. 한편으로는 선하고 바람직한 유형의 하나님을 향한 두려움이 있으며, 다른 한편으로는 그렇지 않은 유형의 두려움이 있다.

떨며 즐거워하다

이제는 성경에서 접하게 되는 여러 유형의 두려움을 살펴보기로 하자. 그렇게 함으로써 성경에서 권고하는 '하나님을 향한 두려움'을 더 명확히 이해할 것이다.

본성적인 두려움

먼저 언급할 점은, 우리가 타락한 세상 속에 있기 때문에 온갖 위험요소들에 둘러싸인 채로 살아간다는 것이다. 이러한 위험 요소 가운데서 가장 중대한 것은 바로 "공포의 왕"(욥 18:14)인 죽음이다. 또한우리는 뜻밖의 사고와 고통 그리고 적대자들 역시 두려워한다. 이는인간의 타락으로 인해 이 세상이 두려움으로 가득 찬 곳이 되었기때문이다.

그렇다고 해서 이런 위험 요소들에 대한 두려움 자체가 죄악된성격을 지니는 것은 아니다. 복음서들은 예수님이 죽음을 눈앞에 두셨을 때 "심히 놀라시며 슬퍼하"셨다고 기록한다(막 14:33). 이때 주님은 깊은 번민을 겪으셨으며, 이에 따라 "땀이 땅에 떨어지는 핏방울같이" 되었다(눅 22:44).

기독교 신학자들은 보통 신자와 불신자들이 공유하는 이 본성적인 두려움들 외에 또 다른 두 가지 유형의 두려움을 추가로 언급했다. 구체적으로 말해, 그들은 서로 다른 두 가지 유형의 하나님을향한 두려움이 있음을 논해 왔다. 그 예로, 청교도들 가운데서 존 플라벨은 '죄악된' 두려움과 '종교적인' 두려움을 구별했다. 또한 조지 스윈녹^{George Swinnock}은 '노예적인' 두려움과 '자녀의' 두려움을, 윌리엄 거널^{William Gurnall}은 '노예적인' 두려움과 '거룩한' 두려움을 구분했다. 또한 존 버니언은 '불경건한' 두려움과 '경건한' 두려움을 구분했다.[4] 여기서 나는 이 두려움들을 각각 '죄악된' 두려움과 '올바른' 두려움으로 부르려고 한다.

죄악된 두려움

성경은 첫 번째 유형에 속한 '죄악된 두려움'을 정죄한다. 나는 그것을 '그릇된 두려움'으로 부르고 싶은 마음이 들었지만, 어떤 의미에서 불신자들이 하나님을 겁내는 일은 매우 옳다고도 할 수 있다. 거룩하신 하나님이 그분에게서 멀리 떨어져 있는 이들에게 실제로 무서운 존재가 되시기 때문이다. 이러한 두려움은 인간의 죄에서 유래한다. 따라서 나는 그것을 '죄악된 두려움'이라 부른다.

하나님을 향한 죄악된 두려움은 야고보가 귀신들도 그분을 '믿고 떤다'고 언급할 때 지칭했던 두려움이다(약 2:19). 이것은 모세가 시내 산 앞에 모인 이스라엘 백성들의 마음속에서 떨쳐 버리려 했던 두려움이며, 처음에 아담이 죄를 범하고 하나님을 피해 숨었을 때 품었던 감정이다(창 3:10). 아담은 인류 역사에서 최초로 이 두려움을 느꼈던 인물이며, 그가 그 순간에 취했던 반응은 그 두려움이 지닌 본질적인 특징을 보여준다. 즉 죄악된 두려움은 우리가 하나님을 피해 달아나도록 만든다. 이것은 하나님을 증오하는 불신자들이 품는

떨며 즐거워하다

두려움이다. 그들은 여전히 마음속으로 하나님께 반역하는 상태에 있으며, 자신의 죄인 됨이 드러나는 것을 두려워한다. 그리하여 그들은 하나님을 피해 도망친다.

이 두려움은 하나님을 향한 사랑과는 충돌하는 성격을 지닌다. 오히려 이 두려움은 죄의 가장 깊은 핵심에 자리한다. 이 두려움을 품은 이들은 하나님을 무서워하고 그분께 저항하며, 그분을 피해 달아난다. 또한 이 두려움은 불신앙을 합리화하는 의심을 만들어 낸다. 이 두려움은 무신론과 우상숭배의 동력이 되며, 사람들이 살아 계신 하나님을 대체하는 또 다른 '실재'를 만들도록 부추긴다. 한 예로, 21세기 초에 나타난 '새로운 무신론'의 '네 기수' 중 하나였던 크리스토퍼 히친스Christopher Hitchens의 경우를 살펴보자. 히친스는 자신을 단순한 무신론자로 여기기보다 적극적인 '반反유신론자'로 지칭하는 편을 선호했다. 이는 그가 하나님의 존재를 부인하는 데 그치지 않고, 그분이 존재하실 수 있다는 가능성 자체를 맹렬히 반대했기 때문이다. 그런데 히친스에 따르면, 이런 입장은 하나님에 대한 두려움 때문에 생겨난 것이다. 그는 폭스 뉴스Fox News와의 인터뷰에서, 하나님이 존재할 가능성에 관해 어떻게 생각하느냐는 질문을 받았을 때 이렇게 대답했다.

신이 정말로 존재한다면, 그것은 상당히 끔찍한 일일 것입니다. 우리가 하는 모든 일을 영속적으로 끊임없이 감독하며 관리하는 신적인 존재가 있다고 상상해 봅시다. 그렇다면 우리는 어머니의 배 속에 잉태

되는 순간부터 마침내 숨을 거두는 순간까지, 깨어 있든지 잠들었든지 간에 항상 그 존재의 감시와 통제와 지시 아래 있을 것입니다.……그것은 마치 북한에서 살아가는 것과 마찬가지입니다.[5]

이처럼 히친스는 하나님을 심각하게 오해했으며, 그 결과로 그분을 두려워했다.

청년 시절의 루터에 관해서도 이와 동일한 내용을 언급할 수 있다. 루터는 한 설교에서, 자신이 양육을 받았던 중세의 로마 가톨릭 교회에 관해 다음과 같이 설명한 적이 있다.

[가톨릭교회에서] 그리스도는 음울한 폭군으로 묘사됩니다. 그분은 엄격한 심판자로서 우리에게 맹렬히 진노하시며, 많은 것을 요구하는 동시에 죄에 대한 대가로서 선행을 부과하시는 분으로 선포됩니다.…… 그러므로 우리는 그분께로 나아가기를 꺼립니다. 이때 우리의 양심은 두려움에 짓눌려 있기에, 그분에 관해 깊은 거부감을 느낍니다.……마음과 양심의 깊은 가책 때문에, 우리는 자신이 두려워하는 그분을 자연스레 회피합니다. 공포와 두려움이 그분에게서 멀리 벗어나게 하며, 그리하여 더 이상 그분 곁에 거하지 않게 됩니다.[6]

루터는 수도사 시절에 하늘에 있는 이 "음울한 폭군"을 생각하면서 깊은 공포에 사로잡혔다. 그는 하나님을 겁냈으며, 사랑과는 정반대되는 특징을 지닌 두려움에 가득 차 있었다. 루터는 이때의 일을 이렇게 표현했다. "당시 나는 죄인들을 징벌하시는 의로운 하나님을 사랑하지 않았다. 오히려 하나님을 미워했으며, 마음속으로 은밀한 분노를 품었다. 비록 불경스러운 태도를 취하지는 않았지만, 그분을 향해 심한 불평을 늘어놓곤 했다."[7] 그러나 그가 자애로운 구주이신 그리스도를 아는 지식 가운데서 거듭났을 때, 비로소 다음과 같이 고백할 수 있었다. "이제 주님은 나에게 공포의 대상이 아닌 위로를 주시는 분이다."[8]

하나님에 관한 오해

크리스토퍼 히친스와 마르틴 루터의 사례는, 우리로 하나님을 떠나게 하는 죄악된 두려움이 많은 부분 그분에 대한 오해에서 생겨남을 보여준다. 예수님의 열 므나 비유에 등장하는 불성실한 종은 이런 문제점을 드러낸다. 그는 자신의 주인에게 다음과 같이 부당한 불평을 늘어놓는다. "당신이 엄한 사람인 것을 내가 무서워함이라"(눅 19:21; 또한 마 25:24-25 참조). 그 종은 자기 주인의 자애로운 성품을 전혀 깨닫지 못했다. 그의 우둔한 시각에서는 그 위대한 인물을 그저 인색하고 엄한 자로만 여겼으며, 따라서 순전히 주인을 겁내기만 했다. 그 종은 마치 태초의 아담과도 같다. 아담은 한때 하나님의 선하심을 확신했지만, 그분을 비열하고 인색하게 자신을 속박하는 분으로 여기라는 원수의 유혹에 넘어갔다.

청교도인 토머스 맨턴[Thomas Manton]이 언급했듯이, 사탄은 하나님에 대한 우리의 이해가 이런 근시안적인 상태에 빠지게 만들기를 즐긴다.

> 사탄은 하나님의 모습을 불완전하게 제시하려고 애를 씁니다. 즉 그는 그분을 그저 모든 것을 소멸하는 불, 공의와 보복으로 옷 입으신 분으로만 바라보게 하는 일에 주력합니다. 하지만 실상은 그렇지 않습니다! 물론 하나님은 그분을 경멸하는 죄인들이 그분의 자비를 오용하도록 놓아두지 않으시리라는 점은 옳습니다. 하나님은 죄를 범한 자들을 멸망시키기 전에 오랫동안 그들의 회개를 기다리시지만, 그들의 죄 자체를 용납해 주지는 않으십니다. 하지만 이런 일들이 참됨에도 불구하고, 그분의 주된 이름은 '자비와 선하심'입니다. 하나님이 자신에 관해 선포하시는 내용을 있는 그대로 받아들이십시오. 그러면 여러분은 그분에 관해 부정적인 인상을 품을 이유가 없을 것입니다.[9]

에덴동산에서와 마찬가지로, 사탄은 지금 하나님의 모습을 왜곡하는 일에 힘을 쏟는다. 그는 그분을 순전히 부정적이며 위협적인 분, 복음과는 정반대되는 메시지들을 구현하는 분으로 제시한다. 이는 우리가 하나님을 이처럼 위협적인 존재로 인식할 때 두려움에 차서 그분을 피해 달아나기 때문이다. 그리고 우리는 그 하늘의 '괴물'이 아예 존재하지 않기를 바랄 것이다. 이 점에 관해 스티브 차녹[Stephen Charnock]은 이렇게 설명한다.

떨며 즐거워하다

어떤 존재가 고통을 주는 것을 느낄 때, 우리는 그 존재가 심한 타격을 입음으로 더 이상 우리가 두려워하는 그 고통을 끼칠 수 없기를 갈망한다. 우리가 사랑하거나 소망하는 존재들이 보존되기를 바라는 것과 마찬가지로, 자신에게 어떤 고통이나 골칫거리를 가져다줄지 몰라 두려운 그 존재들이 실제로는 존재하지 않기를 바란다.……그러므로 두려움에 찬 사람들은 하나님의 존재가 박탈당하기를 원한다.[10]

그런데 사람들이 이 기만에 근거한 두려움 때문에 창조주 하나님에게서 물러나지만, 그로 인해 그들이 늘 종교를 벗어나는 것은 아니다. 그 두려움을 품은 이들은 심지어 외적으로 인상 깊은 도덕성과 종교적인 삶, 율법에 순종하는 태도까지 드러낼 수 있다. 이 두려움은 하나님을 가혹하고 무서운 분으로 묘사하며, 그럼으로써 사람들이 사랑 때문이 아니라 그저 채찍질을 겁내는 마음에서 자기 주인에게 순종하는 노예의 사고방식을 지니게 한다. 이 노예적인 두려움 때문에 사람들은 마음속으로 은밀히 경멸하는 하나님을 달래기 위해 온갖 외적인 의무를 수행한다. 그들은 온 세상 앞에서, 다소 기쁨은 없더라도 독실하고 모범적인 그리스도인으로 여겨질 수 있다. 이는 바로 젊은 시절의 루터가 보였던 모습이다. 당시에 그는 외적으로는 헌신적이며 순종적인 수도사의 역할을 수행하면서도, 마음속으로는 하나님을 원망하며 그분을 향해 분개했다. 이 비참한 노예들은 심지어 우리 사회에서 잊히고 만 '하나님을 향한 두려움'의 중요성을 독단적인 어조로 역설할 수도 있다. 하지만 그들이 아는 바는 그릇된 종류의 두려움이다. 존 커훈John Colquhoun은 그들의 상태를 다음과 같이 서술했다.

> 복음을 통해 드러난 하나님의 사랑에 대한 믿음 때문이 아니라, 율법에 계시된 그분의 진노에 대한 두려움 때문에 순종의 행위로 나아가는 사람들이 있다. 또한 하나님의 선하심 때문이 아니라 다만 그분의 능력과 공의 때문에 그분을 두려워하는 이들이 있으며, 하나님을 긍휼이 많으신 아버지이자 친구이신 분으로 여기기보다 복수심에 가득 찬 심판자로 간주하는 이들도 있다. 또한 하나님을 묵상할 때, 그분의 무한한 은혜와 자비를 바라보기보다 그분의 두려운 위엄만을 생각하는 이들 역시 있다. 이런 사람들은 모두 자신이 율법적인 영의 지배 아래, 적어도 그 영의 주도적인 영향 아래 있음을 드러낸다.[11]

커훈은 이런 태도를 "율법적인 영"a legal spirit으로 지칭했는데, 우리는 그것을 '죄악된 두려움'으로 부를 수 있다. 사람들이 이처럼 비굴한 종교성을 가지고 자신을 괴롭히는 이유는 무엇일까? 이에 관해 존 버니언은 이렇게 대답한다. "바로 이 불경건한 두려움 때문이 아니고 무엇이겠는가?"[12]

이처럼 사람들이 하나님에 대한 오해 때문에 그분을 겁낼 때, 그들은 자신의 삶을 그분께 의탁하지 않고 다른 어딘가에 의존해서 안전을 확보하려 들 것이다. 실제로 사람들의 마음속에 이 혼란스러운 두려움이 자리 잡고 있을 때, 그들은 다른 신에게로 시선을 돌린다.

떨며 즐거워하다

그러나 각 민족이 각기 자기의 신상들을 만들어 사마리아 사람이 지은 여러 산당들에 두되 각 민족이 자기들이 거주한 성읍에서 그렇게 하여 바벨론 사람들은 숙곳브놋을 만들었고 굿 사람들은 네르갈을 만들었고 하맛 사람들은 아시마를 만들었고 아와 사람들은 닙하스와 다르닥을 만들었고 스발와임 사람들은 그 자녀를 불살라 그들의 신 아드람멜렉과 아남멜렉에게 드렸으며 그들이 또 여호와를 경외하여 자기 중에서 사람을 산당의 제사장으로 택하여 그 산당들에서 자기를 위하여 제사를 드리게 하니라(왕하 17:29 - 32).

그들은 여호와를 두려워했지만 동시에 자신의 신들을 섬겼다. 그런 두려움을 품은 이들은 다른 신들을 찾는 대신에 사제나 의사 또는 점성술에 의존할 수도 있다. 이 점에 관해 장 칼뱅^{Jean Calvin}은 다음과 같이 언급한다.

> 불신자들이 우주의 통치권을 하나님이 아닌 하늘의 별들에게로 옮겨 놓을 때, 그들은 자신이 겪는 복과 비참함이 그분의 뜻이 아닌 별들의 징조와 작용에 달려 있다고 착각한다. 이때 그들은 유일하게 두려워해야 할 대상이 되시는 하나님을 저버리고, 하늘의 별과 혜성들을 그 대상으로 삼는다.[13]

이처럼 사람들이 하나님을 향해 그릇된 두려움을 품을 때, 그들은 그분이 아닌 다른 존재들을 두려워한다. 그런데 그 존재들은 그들을 두려움에서 해방하거나 새로운 힘을 가져다주지 않는다. 오히려 그들을 노예로 삼으며 그들의 생명력을 앗아 갈 뿐이다.

또 다른 예로서 스탈린^{Stalin}이 지배했던 소비에트 연방을 살펴보자. 당시 이 나라의 무신론적인 공산주의자들은 하나님을 몹시 두려워했으며, 기독교의 속박을 끊고 그분을 피해 벗어나려 했다. 하지만 그들의 기대와는 달리, 이런 움직임을 통해 인본주의적인 이상향이 이루어지지는 않았다. 더 높은 차원의 아름다움과 인간의 존엄성을 위한 하나님 중심적인 원리가 사라졌을 때, 러시아에서는 음울한 디스토피아가 형성되기 시작했다. 당시 그곳에서 사람들의 삶은 하찮게 여겨졌으며, 모든 사람의 일상이 마치 회색의 시멘트로 똑같이 빚어진 것처럼 칙칙한 세계 속에 갇혀 있었다. 그리고 또 다른 두려움이 자라나기 시작했는데, 그것은 국가에 대한 공포였다. 오늘 우리는 당시 소비에트 연방 사람들이 불시에 체포되고 숙청을 당하거나 강제 수용소로 끌려갈지 모른다는 위협에 끊임없이 시달리면서 살아간다는 것이 얼마나 두려운 일이었는지 잘 헤아리기 어렵다. 하지만 우리는 드미트리 쇼스타코비치^{Dmitri Shostakovich}의 교향곡 10번(이 교향곡은 쇼스타코비치가 스탈린의 통치 시기를 회고하면서 쓴 곡으로 알려져 있다─옮긴이)을 들으면서 그 느낌을 얼마간 상상해 볼 수 있다. 이 곡은 음산한 분위기로 진행되다가 매우 거친 곡조로 흘러간다. 이를 통해 무신론적인 국가의 삶이 가져다주는 서늘한 공포감을 통렬하게 묘사한다. 이 점을 달리 표현하자면, 하나님을 향한 죄악된 두려움은 마치 그것으로부터 다른 유해한 두려움들이 흘러나오는 일종의

떨며 즐거워하다

'곪은 상처'와도 같다.

하나님을 이런 식으로 두려워하는 이들은 구원을 얻기 위해 그리스도께 의존하지 않는다. 오히려 다른 무언가를 찾는다. 그들은 율법이나 자신의 노력 또는 어떤 사물이나 다른 누군가를 신뢰하면서도, 그리스도만은 받아들이려 하지 않는다. 구약의 사무엘 같은 선지자가 이스라엘 백성의 두려움을 바로잡으려 했던 이유는 이 때문이다. 여기서 그가 백성에게 전했던 고별 설교를 살펴보자. 이 설교의 초점은 그들이 품었던 두려움의 성격과 연관이 있다. 당시 사무엘은 이스라엘 백성을 향해 여호와를 올바른 방식으로 두려워하라고 촉구했다(삼상 12:14). 그 백성은 여호와의 권능이 나타나는 것을 본 뒤에 실제로 그분에 대한 두려움을 품었다. 즉 그들은 "여호와[를]……크게 두려워"했다(12:18). 하지만 이때 그들이 품었던 두려움은 앞서 그들의 선조들이 시내 산에서 드러냈던 겁에 질린 태도와 동일했다. 그러므로 그 백성은 사무엘에게 이렇게 청했다. "당신의 종들을 위하여 당신의 하나님 여호와께 기도하여 우리가 죽지 않게 하소서"(12:19). 이에 사무엘은 다음과 같이 응답했다.

두려워하지 말라. 너희가 과연 이 모든 악을 행하였으나 여호와를 따르는 데에서 돌아서지 말고 오직 너희의 마음을 다하여 여호와를 섬기라. 돌아서서 유익하게도 못하며 구원하지도 못하는 헛된 것을 따르지 말라. 그들은 헛되니라. 여호와께서는 너희를 자기 백성으로 삼으신 것을 기뻐하셨으므로 여호와께서는 그의 크신 이름을 위해서라도 자기 백성을 버리지 아니하실 것이요. 나는 너희를 위하여 기도하기를 쉬는 죄를 여호와 앞에 결단코 범하지 아니하고 선하고 의로운 길을 너희에게 가르칠 것인즉 너희는 여호와께서 너희를 위하여 행하신 그 큰일을 생각하여 오직 그를 경외하며 너희의 마음을 다하여 진실히 섬기라 (12:20-24).[14]

거룩함에 대한 공포심

죄악된 두려움에 속한 또 다른 부분은 죄를 놓아 버리는 일에 대한 두려움이다. 우리는 이것을 '거룩함에 대한 공포심'the dread of holiness 으로 지칭할 수 있다. C. S. 루이스Lewis는 『천국과 지옥의 이혼』The Great Divorce 에서 이 개념을 탐구하는데, 이 책은 여러 의미에서 거룩함에 대한 공포심을 다룬 이야기다. 이 책에서 루이스가 꾸는 꿈은 회색 도시(지옥)에서 시작된다. 이 도시에 사는 모든 거주민이 그곳의 어둠을 겁내지만, 천상으로 가는 버스에 감히 탑승하려고 나서는 이들은 거의 없다. 이는 그들이 천상의 빛을 더욱 두려워하기 때문이다. 지옥의 어둠은 그것이 이름 모를 공포를 그 속에 숨기고 있다는 점에서 두렵지만, 천상의 빛은 그 공포의 정체를 드러낸다는 점에서 더욱 두려웠다.

마침내 지옥을 출발한 버스가 아름답게 빛나는 천상의 초원에 도착했을 때, 그 안에 있던 유령 중 하나는 이렇게 비명을 지른다. "싫어! 나는 이곳이 싫어……토할 것만 같아!"[15] 그때 "견고한 이들", 곧 천상의 거주민들이 그곳에 찾아왔다. 그들의 모습을 본 "유령들 중 두 사람이 비명을 지르면서 버스를 향해 도망쳤다."[16] 이제 어떤 의미에서, 견고한 이들과 초원 전체의 의도는 실제로 그 유령들을 겁먹게 하는 것이었다. 그 유령들이 자신에 대한 집착에서 벗어나야 할 필요가 있었기 때문이다. 하지만 견고한 이들이 그 유령들에게 어떤 해를 끼치려 한 것은 아니었다. 오히려 그와 정반대다. 그들이 그곳에 찾아온 것은 오직 그 유령들을 돕기 위해서였다. 그러나 그들의 빛나는 광채가 지옥에서 온 그 유령들을 공포심에 사로잡히게 했다.

> "저리 가요!" 유령이 비명을 질렀다. "저리 가 버리라고요! 혼자 있고 싶어 하는 게 안 보여요?"
> "하지만 당신에게는 도움이 필요합니다." 견고한 이가 말했다.
> 그러자 유령이 말했다. "당신에게 조금이라도 친절한 마음이 남아 있다면, 제발 더 다가오지 말아요. 나는 도움 따위는 바라지 않아요. 혼자 있고 싶다고요."[17]

서술자(이는 루이스 자신을 가리킨다―옮긴이)의 유령은 "자신이 들킬지도 모른다는 공포심에 사로잡힌 듯 보이는" 또 다른 유령을 본다. 그 유령은 "작은 바람 소리에도 겁에 질려 움직임을 멈추었으며, 한 번은 새소리가 들리자 자신이 방금 숨었던 자리로 애써 되돌아가려 했다."[18] 또한 서술자는 이 순전하고 아름다운 천상의 땅이 자신과는 어울리지 않는다는 두려움을 품는다. "공포심이 내 귓가에 속삭였다. '여기는 네가 있을 곳이 아니야.'"19 그 유령들이 두려움을 품었던 이유는, 그들이 천상에 거주하기 위해서는 자신의 '존엄성' 또는 자기 의존적인 태도와 함께 자신의 비참함과 분노, 그리고 불평과 불만까지 전부 내려놓아야 한다는 것을 깨달았기 때문이다. 그들은 자신을 망가뜨리며 행복에서 멀어지게 하는 그 일들 없이 존재하는 삶의 모습을 상상할 수 없었다. 그들은 자신들이 마침내 그 일에서 해방되며 정결하게 될 수 있는 가능성 앞에서 몸서리를 쳤다. 그들이 품은 죄악된 두려움은 기쁨에 맞서 싸우는 감정이었다. 즉 빛을 무서워하며, 자신에게 익숙한 두려움을 떠나보내기를 거부하는 마음의 자세였다.

아마도 이 책에서 가장 인상적인 장면은 어떤 유령—정욕의 도마뱀이 그의 어깨 위에 올라타 있었다—이 등장하는 부분일 듯하다. 그 도마뱀은 낮고 잔인한 목소리로 그의 귀에 무언가를 계속 속삭였다. 이때 한 천사가 그 유령에게 도마뱀을 죽이고 그를 해방시켜 주겠다고 제안했다. 이에 그 유령은 이렇게 울부짖었다. "뒤로 물러서세요! 당신은 나를 불태워 버리려 하는군요. 내가 어떻게 당신에게 그것을 죽여 달라고 할 수 있겠습니까? 당신이 도마뱀을 죽인다면 나까지 죽고 말 거예요.……오, 알아요. 당신은 내가 겁쟁이라고 생각하겠지요. 하지만 정말이지 그렇지는 않아요. 오늘밤 출발하는 버스를 타고 돌아가서 내 주치의에게 진찰을 받게 해주세요. 최대한 빨리 이곳에 다시 돌아오도록 할게요."20 마침내 "불타는 이"(천사—옮긴이)가 자신의 정욕을 없애는 일을 그 유령이 허용했을 때, 도마뱀

떨며 즐거워하다

은 잔디밭에 던져져 죽음을 맞게 된다. 그런데 다음 순간, 그 유령과 도마뱀은 온전한 사람과 눈부시게 빛나는 준마가 되어 다시 일어선다. 그리고 그 사람은 영광스러운 자유와 한없는 생명을 누리면서 그 말을 타고 달려 나간다. 이에 서술자의 스승(이는 영광의 상태에 이른 조지 맥도널드George MacDonald다)은 우리의 죄악된 두려움은 죄를 죽이기를 겁내는 그릇된 감정일 뿐이라고 결론짓는다. 즉 그리스도 안에서 얻게 될 영광스러운 새 생명을 헤아리지 못하는 데서 오는 두려움이라는 것이다. 그는 이렇게 언급한다.

> 아무것도, 심지어 가장 탁월하고 고귀한 것들도 지금 그대로의 모습으로 지속될 수는 없다네. 그리고 아무리 천하고 야만적인 것들이라도, 일단 죽음에 굴복하기만 하면 다시금 살아나게 되지. 우리가 육의 몸을 심으면, 신령한 몸으로 다시 일으킴을 받는다네. 지금 우리의 살과 피를 가지고는 저 산(그 변화된 사람이 말을 타고 달려 올라간 장엄한 산맥을 가리킨다—옮긴이)에 갈 수 없어. 그 살과 피가 너무 비천해서 그런 것이 아니라, 다만 그것들이 너무 연약하기 때문이야. 저 빛나는 준마와 비교할 때, 한낱 도마뱀이 과연 무엇이겠는가? 정욕도 그 도마뱀처럼 그저 초라하고 연약한 모습으로 칭얼거리면서 속삭일 뿐이라네. 하지만 마침내 그것이 죽임을 당했을 때, 우리 속에서 풍성한 생명력과 갈망이 준마처럼 솟아나게 되지.[21]

그런데 앞서 톨킨이 상상했던 용들의 세계가 그러하듯이, 이 이야기에서 그 유령들에게 압도적인 두려움의 대상으로 다가왔던 것은 바로 천상의 순전한 삶이 지닌 풍성한 생명력이었다. 실로 그들은 그 삶을 피하기 위해서라면 무엇이든 할 수 있었다. 그러므로 그 유령들 중 일부는 심지어 자신의 쇠락한 모습을 과시하면서 으스스한 망령처럼 행동함으로써 천상의 거주민들을 겁주려고 했다. 타키투스 Tacitus(고대 로마의 역사가—옮긴이)가 언급했듯이, 그들은 "스스로 두려움에 빠지지 않기 위해 다른 이들을 위협하려" 했다.[22] 죄인들은 천상의 빛과 자유보다 자신의 어둠과 속박을 더 선호하며, 천상의 거룩함 앞에서 공포심을 느낀다. 이 점에 관해, 역사적으로 실존했던 조지 맥도널드는 이렇게 언급했다(루이스가 이 책을 썼을 때, 그는 분명이 맥도널드를 염두에 두었을 것이다).

하나님에게서 멀리 떨어져 있는 이들에게 그분은 두려운 존재가 되실 수밖에 없습니다. 이는 그들이 바라지 않고 그럴 수도 없으며 잘 견뎌 낼 수 없는 일들을 그분이 행하실까 봐 겁내기 때문입니다. 지금 많은 이들이 그런 상태에 있으며, 하나님 없이 살아가는 이들은 결국 그런 두려움에 빠질 것입니다. 그들은 자신의 피조물을 위해 목숨을 버리시는 하나님보다, 지독한 이기심에 가득 차 있는 마귀를 더 선호합니다. 이는 그분이 자신을 그들에게 주시려는 동시에, 그들 역시 그분과 마찬가지로 이타적이며 복된 존재가 될 것을 요구하시기 때문입니다. 그러므로 그들은 그분의 뜻에 부합하는 방식으로 생명과 능력을 지닌 존재가 되든지, 아니면 죽음을 맞아야 합니다. 그들은 이 사실을 어렴풋

이 의식하기 때문에 겁에 질리는 것입니다. 그들은 지금 자신들이 처한 비참한 상태에 그대로 머무르려 하지만, 하나님은 그들이 마땅히 도달해야 할 존재의 상태를 사랑하십니다. 이 때문에 그들은 그분을 두려워합니다.[23]

그러므로 우리의 문화권이 우리를 불편하게 하는 하나님의 아름다움으로부터, 심지어는 아름다움의 개념 자체로부터 스스로를 보호하기 위해 점점 더 높은 장벽을 쌓고 있는 것은 이상하지 않다. 지금 사람들은 전통적인 미의 관념을 차별적이고 평등의 원칙에 어긋나는 것으로 여기면서 배격하며, 모든 사물이 동등하게 아름다움을 지닌다고 선포한다. 그리하여 예술과 대중 매체는 절대적인 아름다움의 존재를 부정하며, 그 대신 왜곡되고 비뚤어진 것과 추한 것들을 두려워하면서도 그것들에 집착하는 모습을 보인다.

그리스도인들 안에 있는 죄악된 두려움

안타깝지만, 그리스도인들 역시 이런 죄악된 두려움에서 자유롭지 않다. 잘못된 가르침이나 고난의 시기, 그리고 사탄의 고발들은 모두 우리 마음속에서 하나님을 향한 비굴한 두려움이 자라나게 할 수 있다. 그렇다면 어떠한 방편을 써서 이런 문제들을 제거할 수 있을까? 이 책의 나머지 부분에서 바로 이 문제들에 관해 깊이 있는 해결책을 제시하는 것이 내 목표다. 다만 여기서는 존 버니언이 남긴 귀중한 지혜의 말들을 일부 인용하는 것으로 만족하겠다. 『천로역정』
The Pilgrim's Progress 이 출간된 그 다음 해인 1679년에, 버니언은 탁월한 사
색이 담긴 글인 『경외함의 진수』*Treatise on the Fear of God* 를 발표했다. 이 글은
아마도 버니언의 가장 깊이 있는 신학적 통찰이 담긴 작품인 동시에,
그가 이 세상에 존재했던 '땜장이들' 가운데서 가장 뛰어난 지적 재
능과 목회적 지혜를 지닌 인물이었음을 보여주는 증거다! 버니언은
하나님에게서 달아나게 만드는 이 불경건한 두려움을 없애려고 애
쓰면서 다음과 같이 기록한다.

질문1 이런 두려움 때문에 당신의 영혼 가운데서 은혜의 역사가 이루
       어진 적이 있었는지 의문시하게 되지 않습니까?

대답   네, 정말로 그렇습니다.

질문2 이런 두려움 때문에 당신이 처음에 품었던 두려움이 하나님의
       성령이 역사하신 결과물이었는지 의문시하게 되지 않습니까?

대답   네, 정말로 그렇습니다.

질문3 이런 두려움 때문에 당신이 하나님의 말씀과 성령으로부터 참
       된 위로를 받은 적이 있었는지 의문시하게 되지 않습니까?

대답   네, 정말로 그렇습니다.

질문4 당신은 '내가 처음에 받았던 위로들은 나 자신의 공상이거나 마

귀에게서 온 것으로, 그가 나를 기만한 결과물이다'라는 마음속의 속삭임이 이런 두려움과 함께 뒤섞인 것을 발견하지 않습니까?

대답 네, 정말로 그렇습니다.

질문5 이런 두려움은 기도할 때 당신의 마음을 위축시키지 않습니까?

대답 네, 정말로 그렇습니다.

질문6 이런 두려움 때문에 당신이 예수 그리스도를 통해 주어진 구원의 약속을 온전히 붙잡지 못하는 것은 아닙니까?

대답 네, 그렇습니다. 이때 제 마음속에는 이런 생각이 듭니다. '만약 이전에도 내가 거짓의 영에게 속아서 그릇된 위로를 받았다면, 그런 일이 또다시 일어나지 말라는 법이 어디 있겠는가?' 따라서 저는 그 약속을 붙들기가 겁이 납니다.

질문7 이런 두려움 때문에 당신의 마음이 완고해지며 절망적인 상태에 빠지지 않습니까?

대답 네, 정말로 그렇습니다.

질문8 이런 두려움 때문에 당신이 하나님의 말씀을 듣거나 읽는 일에서 유익을 얻지 못하는 것은 아닙니까?

대답 네, 정말로 그렇습니다. 무슨 말씀을 듣거나 읽든지 간에, 어떤 선한 약속도 저에게는 해당하지 않는다고 여깁니다.

질문9 이런 두려움 때문에 당신의 마음속에서 하나님을 향한 신성모
       독적인 불평이 일어나지 않습니까?

대답   네, 정말로 그렇습니다. 거의 저를 미치게 만듭니다.

질문10 이런 두려움 때문에 때로는 주님을 섬기는 일이 아무 소용이 없
        다고 생각하지 않습니까?

대답   네, 정말로 그렇습니다. 저는 그동안 여러 차례에 걸쳐, 다음과
        같은 결론을 내리게 되었습니다. '이제 하나님의 말씀을 읽거나
        듣지 않고, 기도하지도 않을 거야. 더 이상 그분께 속한 백성들
        과 어울리지도 않겠어.'

자, 가엾은 그리스도인이여, 내 질문에 솔직히 대답해 줘서 기쁩니다.
하지만 부탁인데, 당신이 대답한 내용들을 한번 되돌아보기 바랍니다.
당신은 그 내용 안에 하나님께 속한 일들이 얼마나 포함된다고 생각합
니까? 그 내용 가운데는 성령의 감화가 얼마나 깃들어 있으며, 하나님
의 말씀을 통해 주어지는 은혜는 얼마나 담겨 있을까요? 그 속에는 이
런 것들이 전혀 들어 있지 않습니다. 이는 당신의 대답 속에 담긴 내용
들이 하나님의 영이 행하시는 일들의 참되고 자연스러운 결과물이 될
수 없기 때문입니다. 그 내용들은 속박의 영이 역사한 결과일 뿐, 결코
성령이 행하시는 일의 결과물이 될 수 없습니다. 당신은 그 일들 가운
데서 마귀의 날카로운 발톱이 드러나는 것을 보지 못합니까?[24]

떨며 즐거워하다

버니언에 따르면, 사람들의 마음속에서 하나님을 향한 두려움을 일으켜 그분을 겁내게 만드는 일은 마귀의 역사다. 그의 의도는 그럼으로써 그들이 하나님을 피해 도망치게 하는 것이다. 하지만 성령이 행하시는 사역은 그것과 정반대다. 그분은 하나님을 향한 경이로운 두려움이 생겨나게 하시며, 그럼으로써 우리가 하나님께 마음을 드리며 그분 앞으로 나아가게 이끄신다. 이제 성경이 권고하는 두려움, 곧 성령의 감화를 통해 주어지며 우리를 행복하게 하는 그 두려움에 관해 살펴보자.

3장

올바른 두려움

C. I. 스코필드Scofield는 하나님을 향한 두려움the fear of God을 "구약의 경건을 특징짓는 관용구"로 지칭한 적이 있다.[1] 그리고 그 어구는 실제로 그런 성격을 지녔다. 하지만 하나님을 향한 두려움은 그저 구약의 경건만을 특징짓는 관용구가 아니다. 그분을 향한 올바른 두려움이 새 언약에 속한 복이기도 하다는 점은 명백하다. 여호와께서는 새 언약에 관해 말씀하시면서, 선지자 예레미야를 통해 다음과 같이 약속하셨다.

그들은 내 백성이 되겠고 나는 그들의 하나님이 될 것이며 내가 그들에게 한 마음과 한 길을 주어 자기들과 자기 후손의 복을 위하여 항상 나를 경외하게 하고 내가 그들에게 복을 주기 위하여 그들을 떠나지 아니하리라 하는 영원한 언약을 그들에게 세우고 나를 경외함을 그들의 마음에 두어 나를 떠나지 않게 하고(렘 32:38-40).

여호와께서 새 언약에 속한 자기 백성의 마음속에 심어 주시는 이 두려움은 무엇일까? 앞서 살펴본 마귀적인 두려움, 곧 우리를 하나님에게서 멀어지게 하는 두려움과는 달리, 이것은 그분을 떠나거나 그분께 등을 돌리지 못하도록 이끄는 두려움이다. 그렇다면 이것은 존 뉴턴[John Newton]이 찬송가 「나 같은 죄인 살리신」에서 언급했던, "종의 영"(롬 8:15)에 속한 두려움일까?

> 당신의 은혜는 내 마음속에 두려움을 가르쳐 주었으며,
> 그 은혜는 다시 그 두려움을 물리쳐 주었나이다.

물론 성령은 어떤 이들의 마음속에 두려움을 일으켜서 자신의 죄를 깨닫게 하실 수 있다. 이때 그들이 느끼는 것은 자신의 죄인 됨을 깨닫고 그리스도께 피신하도록 이끄는 두려움이다. 하지만 뉴턴이 언급했듯이, 그다음에 하나님은 은혜로써 이 두려움을 물리치신다. 그러므로 신자들이 그리스도를 신뢰하게 된 후에는 이 두려움을 품는 일이 더 이상 적절하지 않다. 이것은 성령이 일으키시는 두려움으로, 죄인들이 그리스도께 나아가도록 이끄는 것이 목적이다. 하지만 이것은 "경건의 정수"[2] 또는 "지혜의 근본"(잠 9:10)이라 불리는 두려움과는 다른 성격을 지닌다.

예기치 않은 두려움

예레미야 33장에서 여호와는 새 언약에 속한 두려움이 어떤 것인지 계속 말씀하신다. 그런데 그분의 말씀은 실로 모든 예상을 뛰어넘을 만큼 놀라운 모습으로 나타난다. 여호와는 이렇게 약속하신다.

> 내가 그들을 내게 범한 그 모든 죄악에서 정하게 하며 그들이 내게 범하며 행한 모든 죄악을 사할 것이라. 이 성읍이 세계 열방 앞에서 나의 기쁜 이름이 될 것이며 찬송과 영광이 될 것이요 그들은 내가 이 백성에게 베푼 모든 복을 들을 것이요 내가 이 성읍에 베푼 모든 복과 모든 평안으로 말미암아 두려워하며 떨리라(8-9절).

이 말씀에서 언급되는 것은 징벌에 대한 두려움, 곧 하나님께 속한 백성이 그분을 저버리고 떠나갈 경우에 그분이 행하실 일에 관한 두려움이 아니다. 이와는 반대로, 예레미야 33장에서 여호와는 그들에게 내릴 순전한 복의 목록을 열거하신다.[3] 즉 그분은 백성을 정결케 하고 용서하시며, 그들을 위해 큰 유익을 베푸신다. 그리고 백성들은 그들을 위해 그분이 행하신 모든 일로 인해 두려워하며 떨게 된다는 것이 이 말씀의 내용이다.

이때의 두려움은 하나님이 베푸시는 은혜와 선하심의 이면에 존재하는 것이 아니다. 오히려 호세아가 다음의 예언에서 묘사했던 바와 같은 종류의 두려움이다. "그 후에 이스라엘 자손이 돌아와서 그들의 하나님 여호와와 그들의 왕 다윗을 찾고 마지막 날에는 여호와를 경외하므로 여호와와 그의 은총으로 나아가리라"(호 3:5). 이것은 우리가 "여호와와 그의 은총으로" 나아가게 하는 두려움이다. 찰스 스펄전^{Charles Spurgeon}에 따르면, 이것은 곧 주님의 선하심 때문에 우리로 하여금 "그분께 의존하게 만드는" 두려움이다.[4] 우리는 예수님이 생명을 베푸시는 일을 직면할 때 이 경이로운 두려움을 체험한다. 예수님이 나인 성 과부의 아들을 살리신 일에 관해 복음서는 이렇게 언급한다.

> 가까이 가서 그 관에 손을 대시니 멘 자들이 서는지라. 예수께서 이르시되 청년아, 내가 네게 말하노니 일어나라 하시매 죽었던 자가 일어나 앉고 말도 하거늘 예수께서 그를 어머니에게 주시니 모든 사람이 두려워하며 하나님께 영광을 돌려 이르되 큰 선지자가 우리 가운데 일어나셨다 하고 또 하나님께서 자기 백성을 돌보셨다 하더라(눅 7:14-16).

이 놀라운 두려움을 보여주는 또 다른 예를 들어 보자. 이는 벧엘에서 여호와가 야곱에게 나타나셨던 때의 일이다. 예레미야 33장과 마찬가지로, 이 본문에서 여호와는 어떠한 경고도 하지 않으시고 다만 그분이 베푸실 순전한 은혜에 대한 약속을 이어 가신다.

> 야곱이 브엘세바에서 떠나 하란으로 향하여 가더니 한 곳에 이르러는 해가 진지라. 거기서 유숙하려고 그곳의 한 돌을 가져다가 베개로 삼

고 거기 누워 자더니 꿈에 본즉 사닥다리가 땅 위에 서 있는데 그 꼭
대기가 하늘에 닿았고 또 본즉 하나님의 사자들이 그 위에서 오르락
내리락 하고 또 본즉 여호와께서 그 위에 서서 이르시되 나는 여호
와니 너의 조부 아브라함의 하나님이요 이삭의 하나님이라. 네가 누
워 있는 땅을 내가 너와 네 자손에게 주리니 네 자손이 땅의 티끌같
이 되어 네가 서쪽과 동쪽과 북쪽과 남쪽으로 퍼져나갈지며 땅의 모
든 족속이 너와 네 자손으로 말미암아 복을 받으리라. 내가 너와 함께
있어 네가 어디로 가든지 너를 지키며 너를 이끌어 이 땅으로 돌아오
게 할지라. 내가 네게 허락한 것을 다 이루기까지 너를 떠나지 아니하
리라 하신지라. 야곱이 잠이 깨어 이르되 여호와께서 과연 여기 계시
거늘 내가 알지 못하였도다. 이에 두려워하여 이르되 두렵도다 이곳
이여, 이것은 다름 아닌 하나님의 집이요 이는 하늘의 문이로다 하고
(창 28:10-17).

여기서 여호와는 야곱에게 복을 주고 번성하게 하시며, 그와 동행하
고 보호하시며, 그를 결코 떠나지 않을 뿐 아니라 그를 향한 모든 선
한 목적을 이루겠다고 약속하신다. 야곱은 이처럼 여호와의 순전한
선하심과 절대적인 은혜에 직면했을 때 두려워했다. 이에 관해 청교
도 신학자였던 윌리엄 구지William Gouge는 이렇게 언급한다. "참되고 경
건한 두려움은 하나님의 자비와 선하심에 대한 믿음에서 생겨난다.
이는 하나님의 선하심이 지닌 달콤한 맛을 체험하며 그분의 은총 가
운데만 모든 행복이 존재함을 깨달을 때, 깊은 내적 외경심과 그분을

떨며 즐거워하다

공경하는 마음을 품기 때문이다."⁵

여기서 한 가지 주의할 말을 덧붙여야겠다. 구지는 하나님을 향한 두려움을 "깊은 내적 외경심과 그분을 공경하는 마음"으로 풀이하는데, 그리스도인들은 흔히 '외경심'ᵃʷᵉ, '존경심'ʳᵉˢᵖᵉᶜᵗ, '공경하는 마음'ʳᵉᵛᵉʳᵉⁿᶜᵉ 등을 '하나님을 향한 두려움'과 동의어로 사용한다. 물론 이런 외경심이나 공경하는 마음은 그리스도인들이 하나님을 향해 품는 올바른 두려움의 한 부분이며, 이런 표현들은 성경에서 신자들이 하나님을 뵐 때 마치 죽은 사람처럼 땅에 납작 엎드렸던 사실과도 어느 정도 부합한다. 하지만 나는 이런 단어들이 실제로는 성경에서 서술하는 '하나님을 향한 두려움'에 담긴 강렬하고 충만한 행복감을 온전히 담아내지 못한다는 점을 지적하고 싶다. 여기서 우리가 언급할 수 있는 것은, 성경에서 권고하는 하나님을 향한 두려움은 "그분의 위험함에 대한 인식에서 생겨나는 것이 아니라는" 점이다. "오히려 그 두려움은 그분의 영광스러움을 바라볼 때 생겨난다. 다시 말해, 그 두려움은 우리가 하나님의 어떠하심을 제대로 헤아릴 때 나타난다."⁶

물론 어떤 이들은 사랑의 하나님이 '두려우신 분'으로 언급되는 것을 상당히 충격적인 일로 받아들일 수 있다. 하지만 창세기에서는 하나님의 몇 가지 호칭이 간단히 열거된 뒤에, 야곱이 라반을 향해 그분의 이름을 이렇게 선언하는 구절이 나타난다. "우리 아버지의 하나님, 아브라함의 하나님 곧 이삭이 경외하는 이"(창 31:42; 또한 53절 참조). 이 놀라운 호칭은 아버지 이삭의 신앙이 야곱에게 깊은 인상을 남겼음을 보여준다. 분명히 야곱은 여호와 하나님이 본질적으로 '두려우신' 성품과 정체성을 지니시며, 따라서 단순히 "경외하는 이"the Fear로 여겨질 수 있음을 아버지에게서 배웠을 것이다(시편 19편은 하나님의 말씀을 "여호와의 율법", "여호와의 증거", "여호와의 교훈", "여호와의 계명", "여호와의 법" 등의 다양한 방식으로 묘사하는데, 또한 그분의 말씀을 "여호와를 경외하는 도"라고 지칭한다[7-9절]. 하나님의 말씀은 우리가 "경외하는 이"의 영광을 온전히 드러내기에, 그 말씀 자체가 '경외할 만한' 특징을 지닌다).

그런데 이삭이 하나님을 자신이 "경외하는 이"로 언급했던 것은 무엇을 의미하는가? 또한 그가 하나님을 체험했던 일들에 관해 우리가 아는 바는 이 기이한 호칭을 이해하는 데 어떤 도움을 주는가? 창세기에 나오는 이삭의 이야기를 살필 때, 우리는 그가 과분한 은혜를 거듭 누렸다는 인상을 뚜렷이 받는다. 심지어 그는 태어나기 전부터 이미 약속의 자녀이자 은혜의 열매였다. 그는 아브라함의 기업을 이어받을 아들이었으며(창 21장), 여호와의 사자를 통해 건짐을 받고 그 죄가 속함을 입었다(창 22장). 또한 여호와는 그를 위해 기이한 방식으로 현숙한 아내를 예비하셨다(창 24장). 우리는 아브라함이 죽은 뒤에 "하나님이 그의 아들 이삭에게 복을 주셨"다는 말씀을 듣는다(창 25:11). 같은 장은 이후의 내용을 다음과 같이 언급한다. "이삭이 그의 아내가 임신하지 못하므로 그를 위하여 여호와께 간구하매 여호와께서 그의 간구를 들으셨으므로 그의 아내 리브가가 임신하였더니"(창 25:21). 그다음 장은 이렇게 말한다. "이삭이 그 땅에

떨며 즐거워하다

서 농사하여 그 해에 백배나 얻었고 여호와께서 복을 주시므로"(창 26:12). 여기서 내릴 수 있는 결론은 이삭이 야곱과 마찬가지로 두렵고 은혜로우신 하나님을 알았다는 것이 아니겠는가? 위의 모든 증거는 여호와께서 이삭에게 풍성한 유익을 베푸셨기 때문에 그가 그분을 두려워하며 떨었음을 보여준다(이는 우리가 렘 33:8-9에서 보는 것과 마찬가지다).

존 버니언은 성경의 증거들을 살피면서, 믿음이 없는 이들은 하나님을 향해 참된 두려움을 품지 않는다는 결론을 내렸다. 또한 마귀에게 속한 믿음을 지닌 이들은 마귀가 품는 두려움을 지니며, 성도의 믿음을 지닌 이들은 성도다운 두려움을 품는다고 결론지었다. 이에 관해 그는 이렇게 언급한다.

이 경건한 두려움은 주로 하나님이 우리 영혼에 부어 주신 사랑과 인애를 아는 데에서 흘러나온다.……그것은 하나님이 예수 그리스도 안에서 베푸시는 자비를 느끼거나 소망할 때 생겨난다.……실로 그분의 자비를 인식하거나 기대하는 일만큼 우리 영혼에 그분을 두려워할 의무를 강력히 부과하는 것은 없다(렘 33:8, 9). 그분의 자비를 깨달을 때 우리 마음은 진정으로 부드러워지며, 우리 영혼은 참된 경건과 온유함을 품게 된다. 이를 통해 그분을 향한 우리의 사랑은 깊어진다. 주님을 향해 품는 두려움의 핵심에는 참된 부드러움과 온유함, 그리고 그분을 향한 깊은 사랑이 자리한다.[7]

두려움과 사랑

지금 우리 문화권은 두려움의 개념에 관해 심한 거부 반응을 보인다. 그러므로 '하나님을 향한 두려움'은 분명 우리가 성경에서 기대할 법한 가르침이 아니다. 하지만 이 두려움에 관해 스펄전은 다음과 같이 언급한다. "이 두려움 안에는 사랑의 진수가 담겨 있으며, 이것이 없이는 하나님의 임재 앞에서 기쁨을 누릴 수 없다."[8] 실제로 이 일을 면밀히 살필수록, 하나님을 향한 두려움과 그분을 향한 사랑 사이에는 밀접한 관계가 있음이 드러난다. 때로 이 두려움과 사랑은 나란히 언급되며, 이는 시편 145편에서 나타나는 바와 같다.

> 그는 자기를 경외하는 자들의 소원을 이루시며
> 또 그들의 부르짖음을 들으사 구원하시리로다.
> 여호와께서 자기를 사랑하는 자들은 다 보호하시고
> 악인들은 다 멸하시리로다(19-20절).

이와 유사하게, 모세는 율법의 내용을 요약하면서 하나님을 향한 사랑과 두려움을 동일시하는 모습을 보인다.

> 이는 곧 너희의 하나님 여호와께서 너희에게 가르치라고 명하신 명령과 규례와 법도라. 너희가 건너가서 차지할 땅에서 행할 것이니 곧 너와 네 아들과 네 손자들이 평생에 네 하나님 여호와를 경외하며……

이스라엘아, 들으라. 우리 하나님 여호와는 오직 유일한 여호와이시니 너는 마음을 다하고 뜻을 다하고 힘을 다하여 네 하나님 여호와를 사랑하라(신 6:1-5).

우리가 두려움과 사랑의 이 같은 유사성을 잘 파악하지 못하는 이유는 사랑의 성격을 쉽게 오해하기 때문이다. 우리는 삶 속에서 '사랑'이라는 단어를 종종 입에 담는다. 이를테면 편안한 소파에 앉아 좋은 책을 읽는 것을 '사랑하며', 가족을 '사랑하고', 친구들과 함께 유쾌하게 웃고 떠드는 일을 '사랑한다'고 표현한다. 그래서 하나님을 향한 '사랑' 역시 그와 동일한 성격을 지닐 뿐이라고 치부할 수 있다. 이때 그 단어가 그저 (아마도 모호한) 애착 또는 선호를 의미할 뿐이라고 간주하는 것이다. 이는 마치 어떤 이들은 맛있는 푸딩을 즐기는 한편, 나는 하나님과 함께 있기를 즐긴다고 말하는 것과 같다.

그러나 어떤 일에 대한 우리의 사랑은 다른 일에 대한 사랑과 다른 특성을 지닌다. 이는 사랑의 성격이 그 대상에 따라 달라지기 때문이다. 우리가 품는 사랑의 본성은 그 대상에 의해 규정된다고 할 수 있다. 다음의 세 가지 진술을 통해 이 견해가 옳음을 보이겠다.

1. 나는 내가 키우는 개를 사랑하며 그 개에게 진정한 애착을 품는다.
2. 나는 아내를 사랑하며 그녀에게 진정한 애착을 품는다.
3. 나는 하나님을 사랑하며 그분에게 진정한 애착을 품는다.

각각의 진술은 참되지만, 이 진술들을 위와 같이 나란히 놓고 읽을 때 우리는 약간의 당혹감을 느낀다. 만일 이 문장들이 정확히 같은 의미로 쓰였다면 무언가 심각한 문제가 생긴다는 것을 알기 때문이다. 따라서 우리는 각 문장들 사이에 분명한 차이점이 있기를 바란다. 그 차이점은 실제로 존재하는데, 이는 각각의 경우에 그 대상이 다르므로 사랑의 성격 역시 달라지기 때문이다.

살아 계신 하나님은 무한히 완전하시며, 모든 면에서 본질적이고 압도적인 아름다움을 지니신다. 그 아름다움은 의와 인애, 위엄과 자비를 비롯한 그분의 모든 속성 가운데서 나타난다. 따라서 그분을 향해 자신이 압도될 정도의 두려움과 떨림이 담긴 사랑을 품지 않을 경우, 우리는 그분을 바르게 사랑하지 않는 것이다. 어떤 의미에서 '하나님을 향한 두려움과 떨림'은 성도들이 그분의 모든 성품을 깊이 사랑하며 누리는 일을 표현하는 하나의 방식이다. 청교도인 윌리엄 베이츠^{William Bates}는 이 점을 다음과 같이 표현한다. "순전한 사랑만큼 깊은 두려움이 담긴 것은 없으며, 우리가 자녀로서 품는 두려움만큼 깊은 사랑이 깃든 것도 없다."⁹ 이와 유사하게, 스펄전은 이에 관해 이렇게 언급한다.

우리가 하나님 앞에서 두려워하는 이유는 그분을 겁내기 때문이 아니라 그분을 즐거워하기 때문입니다.……이에 관해 선지자 이사야는 이렇게 예언했습니다. "네 마음이 놀라고 또 화창하리니"(사 60:5). 이 일은 우리에게도 이루어집니다. 즉 우리가 주님을 더욱 두려워할수록 그분을 더 깊이 사랑하게 됩니다. 이 일은 마침내 우리가 하나님을 향해 참된 두려움을 품으며 온 마음과 정신과 영혼과 힘을 다해 그분을 사랑하게 될 때까지 계속됩니다.[10]

그러므로 하나님을 향한 올바른 두려움은 그분을 향한 우리 사랑의 이면에 존재하는 것이 아니다. 로마 가톨릭 신학자인 한스 우르스 폰 발타자르Hans Urs von Balthasar는 그런 식의 생각을 표현하면서 다음과 같이 주장했다. "은혜의 복음은 사랑으로만 자신의 모습을 드러내지 않는다. 그 복음은 또한 율법과 명령으로도 나타나며, 이에 따라 우리는 주님을 공경하며 종교심을 품는 일과, 그분과의 거리감을 느끼면서 그분을 두려워하는 일을 지향한다."[11] 그러나 모세가 율법을 요약하면서 이스라엘 백성에게 명령했던 내용은 그들이 여호와 하나님을 사랑하는 동시에 두려워해야 한다는 것이었다. 하나님을 향한 올바른 두려움은 그분을 향한 사랑과 긴장 관계에 놓이지 않는다. 물론 주님께 그런 두려움을 품은 이는 그분 앞에 납작 엎드리지만, 이때 그는 "주님 앞에 나아가는 자세로" 몸을 숙이면서 그분께 의존한다.[12] 이는 우리가 사랑을 품고 그분 앞으로 가까이 가는 동시에 그분을 향한 두려움 때문에 거리를 두는 것이 아니다. 또한 하나님을 향한 이 두려움은 우리가 그분께 보이는 반응의 한 측면에 불과하지도 않다. 즉 우리가 단순히 하나님의 인자하심 때문에 그분을 사랑하며, 그분의 위엄 때문에 그분을 두려워하는 것이 아니라는 말이다. 만약 그렇다면, 하나님을 향한 우리의 두려움은 균형을 잃을 것이다. 오히려 우리는 하나님의 거룩하심 때문에 그분을 사랑하며, 그분이 베푸시는 놀라운 자비 앞에서 두려움에 떤다. 하나님을 향한 참된 두려움은 그분을 향한 참된 사랑과 동일하다. 이것이 바로 하나님이 그분의 모든 은혜와 영광 가운데 드러내시는 충만한 자기 계시에 대한 올바른 응답이다.

그리스도 자신이 품으시며 우리와 함께 나누시는 두려움(사 11:1-3)은 하나님을 겁내는 일과는 분명 정반대되는 특징을 지닌다. 경건한 두려움은 겁내는 마음을 물리치기 때문이다. 하지만 그 두려움은 하나님을 냉담하고 초연한 태도로 바라보는 것이 아니다. 오히려 우리는 성경에서 경건한 두려움을 품은 신자들이 하나님 앞에 나아갈 때 깊은 전율을 느끼는 모습을 계속 본다. 그들은 하나님의 선하심과 위엄, 그분의 거룩하심과 은혜, 의를 비롯한 그분의 모든 속성에 압도되며, 이에 따라 깊은 떨림을 겪는다. 하나님을 향한 두려움에 관한 성경의 가르침은 그분을 향해 어떠한 사랑을 품는 것이 합당한지를 헤아리는 데 도움을 준다. 그 가르침은 아무런 열정 없이 의무를 수행하거나 모호한 태도로 그분을 선호하는 일을 하나님이 원하지 않으신다는 점을 알려 준다. 살아 계신 하나님, 온전히 거룩하며 은혜로우신 분을 실제로 대면할 때, 우리는 주체할 수 없는 상태에 놓인다. 그분은 아무런 감정의 동요 없이 파악할 수 있는 하나의 진리가 아니며, 무관심한 태도로 받아들일 수 있는 일종의 유익도 아니다. 하나님의 빛나는 아름다움과 광채를 뚜렷이 바라볼 때, 우리는 마음 깊이 전율을 느낄 수밖에 없다.

떨며 즐거워하다

이 점을 살펴보기 위해, 잠시 찬송작가인 F. W. 페이버(F. W. Faber, 1814-1863)가 쓴 다음의 시를 감상해 보자. 이 시의 제목은 「하나님을 향한 두려움」The Fear of God이며, 그 내용은 사랑의 깊은 환희를 가져다주는 두려움에 대한 찬가다.

오 주님! 저의 온 혈관 속에서
당신을 향한 두려움이 생명력 있게 약동합니다.
이는 곧 사랑의 신성한 고통 중 하나로
불릴 자격이 있는 두려움입니다.

당신께 속한 과거의 성도들은
당신의 선하심을 두려운 일로 받아들였습니다.
만약 당신의 위엄이 원래보다 덜 선한 것이었다면,
당신을 향한 그들의 두려움 역시 훨씬 덜했을 것입니다.

우리가 삶의 다양한 길을 걷는 동안
당신의 눈앞에서 누리며 맛보는
이 달콤한 두려움보다
더 큰 기쁨은 없을 것입니다.

우리가 공경하는 모든 대상을 향한
사랑 가운데는 특별한 기쁨이 있습니다.

그러니 우리가 당신 안에서 누리는 기쁨 역시
당신을 두려워하는 만큼 더욱 커질 것입니다.

오, 당신은 실로 깊은 두려움의 대상이 되시며
마땅히 찬미를 받으실 분이십니다!
당신의 사랑을 잃을지도 모른다는 불안감은
우리의 두려움을 그저 깊은 사랑으로 만들 뿐입니다.

당신의 충만한 자비는
온 땅과 바다를 가득 채웁니다.
우리가 그와 같이 광대한 손길을 벗어난다면,
얼마나 비참한 자들이 되겠습니까!

당신은 두려운 은혜를 베푸시며,
우리는 삶의 매 순간마다 그 위를 지나왔습니다.
만약에 그 은혜가 덜 충만한 것이었다면,
우리가 그것을 망각하기는 더욱 어려웠을 것입니다.

하지만 두려움은 사랑이고 사랑은 두려움이며,
이 둘은 우리 삶의 안팎에 퍼져 있습니다.
그러나 두려움은 그것이 없는 사랑보다
더 강렬한 기쁨을 가져다주지요.

떨며 즐거워하다

주님! 제가 당신을 깊이 두려워할 그때에
당신 앞에 가까이 나아가게 됩니다.
그리고 제가 깊이 두려워할 그때에
제 영혼은 자유롭게 됩니다.

만약 사랑이 저를 더 자유롭게 해주었다면,
저는 지금과 같이 당신을 사랑하지 않았을 것입니다.
더 큰 자유 속에서, 그것의 깊은 달콤함은
이내 사라지고 말았을 테니까요.

저는 당신이 바로 곁에 계신다고 생각할 때,
당신이 나의 아버지이심을 느낍니다.
그리고 주님! 당신이 사랑으로 제 곁에 오시는 것은
바로 두려움 가운데서 임하실 때입니다.

당신을 깊이 두려워하지 않는 자들은
당신을 거의 사랑하지 않습니다.
주님! 만약 사랑이 당신의 얼굴빛이라면,
두려움은 당신의 손길입니다.

만약 당신이 우리 곁에 계심을 발견하지 않았다면,
우리는 당신을 절반도 사랑하지 못했을 것입니다.

그러나 당신이 우리 곁에 계시기에,
사랑은 온전한 두려움이 됩니다.

우리는 당신이 선하신 분이기에 두려워하며,
우리가 죄 지을 수 있음을 알기에 두려워합니다.
그리고 당신을 향한 지극한 사랑을 드러낼 때,
우리는 마음 깊은 곳에서 전율하게 됩니다.

그리고 아버지여! 언젠가 천상에서
우리에게 당신의 얼굴을 드러내 보이실 때,
우리의 영혼은 그 어느 때보다도
당신의 선하심 앞에서 두려워 떨게 될 것입니다.

우리의 복됨은 당신의 모습을
그처럼 가까이서 바라보는 것이며,
그리하여 영원한 사랑은
오직 깊은 환희에 찬 두려움이 될 것입니다.[13]

'두려움'은 최선의 단어인가?

이 모든 일을 살필 때 다소 중요한 질문이 하나 제기된다. "과연 두려움은 하나님을 향한 이 올바른 응답을 나타내는 데 가장 적합한 단

떨며 즐거워하다

어인가?" 하나님을 향한 올바른 두려움은 매우 긍정적인 개념이지만, '두려움'이라는 단어가 부정적인 성격을 띠는 듯 보이기 때문에 우리는 그 사실을 잘 헤아리지 못한다. 그러므로 앞서 언급했듯이, 그리스도인들이 '두려움' 대신에 '외경심'이나 '존경심' 또는 '공경하는 마음' 등의 단어를 선호하는 것도 이상하지 않다. 그렇다면 우리는 이러한 단어들이 하나님을 향한 이 두려움의 체험을 더 잘 표현한다고 여길 수 있을까?

성경에서 '하나님을 향한 두려움'을 언급하는 데 쓰인 단어들을 먼저 살펴보자. 히브리어 구약 성경은 하나님을 향한 올바른 두려움을 서술하는 데 두 개의 어근을 사용한다. 이 두 어근은 모두 두려움에 대한 구약의 관점을 드러내며, 신약의 용례를 위한 원형의 역할을 한다. 신약은 이 단어들을 $\varphi\acute{o}\beta o\varsigma/\varphi o\beta\acute{e}\omega$^{포보스/포베오}로 번역한다(예를 들어, 바울이 롬 3:18에서 시 36:1을 인용한 경우를 보라).

첫 번째이자 가장 자주 쓰이는 어근은 יָרֵא이다. 그런데 아마도 이 어근의 가장 인상적인 특징은 그것이 올바른 두려움과 죄악된 두려움 둘 모두를 나타내는 데 사용된다는 것이다. 앞서 우리는 출애굽기에서 이런 예를 살펴보았다. 이는 모세가 이스라엘 백성에게 다음과 같이 선언했던 구절이다. "두려워하지 말라. 하나님이 임하심은 너희를 시험하고 너희로 경외하여 범죄하지 않게 하려 하심이니라"(출 20:20). 이 어근은 어떤 이가 겁에 질린 상태를 나타내는 데 쓰이며, 아담이 여호와 하나님께 다음과 같이 고백했던 때가 그런 경우다. "내가 동산에서 하나님의 소리를 듣고 내가 벗었으므로 두려워하여 숨었나이다"(창 3:10). 그런데 이 어근은 긍정적인 의미에서, 다음과 같이 하나님의 복되고 두려우신 자비를 표현하는 일에도 사용된다.

> 하나님이여, 위엄을 성소에서 나타내시나이다.
> 이스라엘의 하나님은 그의 백성에게 힘과 능력을 주시나니
> 하나님을 찬송할지어다(시 68:35).

이처럼 하나의 어근이 긍정적인 의미와 부정적인 의미로 모두 사용될 수 있다는 사실은 중요한 의미를 지닌다. 이는 곧 다른 측면에서는 상이한 성격을 지니는 이 두려움들 사이에 일종의 공통점이 존재함을 보여준다. 그리고 두 번째 어근은 그 공통적인 특징이 무엇인지를 이해하는 데 도움을 주며, 그 특징은 매우 흥미로운 성격을 띤다.

이 두 번째 어근은 פחד^{phd}로서, 그것은 ירא^{yr}와 마찬가지로 올바른 두려움과 죄악된 두려움을 나타내는 데 모두 쓰인다. 즉 뼈가 녹는 듯한 공포에서 환희에 찬 전율에 이르기까지, 다양한 감정을 표현하는 데 사용된다. 아래의 구절에서 이 어근은 부정적인 의미로 쓰인다.

> 시온의 죄인들이 두려워하며
> 경건하지 아니한 자들이 떨며 이르기를(사 33:14).

그리고 다음 구절에서는 긍정적인 의미로 쓰인다. "이 성읍이 세계 열방 앞에서 나의 기쁜 이름이 될 것이며 찬송과 영광이 될 것이요 그들은 내가 이 백성에게 베푼 모든 복을 들을 것이요 내가 이 성읍에 베푼 모든 복과 모든 평안으로 말미암아 두려워하며 떨리라"(렘 33:9). 그렇다면, 성경의 저자들이 동일한 단어를 써서 이처럼 정반대되는 경험들을 나타낼 수 있게 했던 공통적인 특징은 무엇일까? 두 구절 모두에서 드러나듯이, פחד*phd*는 하나의 신체적인 체험을 시사한다. 즉 무언가에 압도된 모습이나 깊은 전율을 느끼며 떠는 모습, 또는 침착함을 잃고 비틀거리는 모습을 나타낸다. 그런데 우리가 전율을 느끼면서 떠는 일은 각각의 경우마다 매우 다른 성격을 띨 수 있다. 예를 들어, 우리는 전쟁터에 있는 군인들이 적의 맹렬한 포격 아래 있는 경우와 같이 깊은 공포심에 사로잡혀 몸을 떨 수 있다. 하지만 신랑이 자신의 신부를 처음으로 대면할 때와 같이 압도적인 환희에 빠져 전율할 수도 있다. פחד*phd*가 이처럼 행복한 전율을 나타내는 또 다른 예는 이사야 60:5이다.

> 그때에 네가 보고 기쁜 빛을 내며
> 네 마음이 놀라고(פחד*phd*) 또 화창하리니
> 이는 바다의 부가 네게로 돌아오며
> 이방 나라들의 재물이 네게로 옴이라.

우리는 ירא*yr'*와 פחד*phd*를 살펴보면서, 성경이 '하나님을 향한 두려움'을 표현하는 방식을 충실히 반영하기 위해서는 긍정적이며 부정적인 경험들의 스펙트럼을 모두 아우르는 단어를 사용해야 한다는 것을 알게 된다. 특히 פַחַד는 이런 두려움들의 공통적인 특징이 무엇인지를 파악하도록 돕는데, 그것은 바로 '전율하며 떠는 일'이다. 이 어근은 하나님을 향한 두려움이 그저 고요하거나 차분한 것 또는 무기력한 것이 아님을 보여준다. 오히려 그것은 놀라울 정도로 강렬하며 압도적인 신체 반응이다. 그러므로 '존경심'이나 '공경하는 마음'을 '하나님을 향한 두려움'의 동의어로 쓰기에는 그 단어들의 어감이 너무 약하고 모호하다. 그에 비하면 '외경심'은 훨씬 적합해 보이지만, 이 단어 역시 우리가 주님께 가까이 나아가며 의존할 때 느끼는 행복한 전율이나 강렬한 기쁨, 그 신체적인 감각들을 제대로 표현하지 못한다. 실제로 이런 단어들은 뚜렷한 오해의 소지가 있는데, 이는 우리가 이 올바른 두려움을 하나님의 특정한 속성들에 대한 반응으로만 생각하게 할 수 있기 때문이다. 예를 들어 '외경심'이라는 단어를 사용할 경우, 우리는 하나님을 향한 두려움을 그분의 초월성과 권능에 대한 반응으로만 간주할 수 있다. 이때 그분의 은혜로우심은 그 대상에서 제외된다. 또한 '존경심'이라는 단어를 생각해 보자. 이것은 하나님의 사랑에 대한 반응으로 언급되기에는 다소 어색하며, 따라서 '두려움'의 적절한 대체어가 되기 어렵다. 마찬가지로, '공경하는 마음'은 딱딱하고 경직된 어감을 줄 수 있다. 이는 이 단어들이 그릇된 표현이라는 의미가 아니다. 다만 그 단어들이 '하나님을 향한 두려움'에 대한 온전한 동의어로 쓰일 수는 없다는 말이다.

떨며 즐거워하다

그러므로 우리가 '하나님을 향한 두려움'에 관해 언급할 때, 이 단어들 모두가 저마다 단점을 지니고 있음을 인정하는 편이 최선이다. 물론 '두려움'이라는 단어 역시 그것만의 약점이 있는 것은 사실이다. 하지만 현재 이 단어의 용례는 잘 확립되어 있으며, 다른 어떤 단어도 그것을 온전히 대체하기는 어렵다. 따라서 '하나님을 향한 두려움'이 다른 두려움들과 어떻게 다른지를 알리려 한다면, 단순히 그 개념의 동의어들을 열거하는 것으로는 우리의 목적을 이룰 수 없다. 우리는 그 개념을 자세히 풀어서 설명해야 한다.

두려움과 기쁨

이처럼 하나님을 향한 두려움이 가져다주는 행복한 전율과 강렬한 기쁨에 관해 언급하는 것은 다소 놀랍게 여겨질 수 있다. 하지만 성경은 그 두려움이 하나님을 향한 진정한 사랑의 특징이듯, 그것은 또한 우리가 그분 안에서 누리는 참 기쁨의 본질을 보여준다는 점을 분명히 밝힌다. 그리스도께서 여호와 하나님을 두려워하는 일을 즐거워하셨던 것과 마찬가지로, 하나님을 두려워하는 일은 신자에게도 기쁨이 된다. 그때 그들이 그분의 두렵고도 사랑스러운 영광을 누리게 되기 때문이다.

살아 계신 하나님은 그저 적당한 만족감 가운데 머무시는 것이 아니라 두려운 복락 속에 거하신다. 그분을 바르게 두려워할 때, 우리는 우리 주인이 되시는 그분의 기쁨 속으로 들어간다. 성경은 이

렇게 말한다. "항상 경외하는 자는 복되거니와 마음을 완악하게 하
는 자는 재앙에 빠지리라"(잠 28:14; 또한 사 66:5 참조). 또한 느헤미
야는 다음과 같이 기도한다. "주여, 구하오니 귀를 기울이사 종의 기
도와 주의 이름을 경외하기를 기뻐하는 종들의 기도를 들으시고"(느
1:11). "여호와를 경외함으로 섬기"는 이들은 "떨며 즐거워"하는데
(시 2:11), 이는 예수님이 부활하셨다는 소식을 들은 두 여인이 "무서
움과 큰 기쁨"을 품고서 빈 무덤을 떠났던 것과 같다(마 28:8). 이는
주님의 영광이 나타나는 것을 보는 이들, 특히 그분이 권능으로 구원
의 일을 행하시는 모습을 목도하는 이들은 그분이 두렵고 경이로운
영광 가운데 계신 분임을 알게 되기 때문이다(출 15:11). 이것이 이
사야 60:5이 פחד[phd]를 써서, 우리 마음속에서 기쁨이 약동할 때 나타
나는 즐거운 감정을 표현하는 이유다("그때에 네가 보고 기쁜 빛을 내며
네 마음이 놀라고 또 화창하리니"). 이 점에 관해 찰스 스펄전은 다음과
같이 언급한다. "신자들은 살아 계신 하나님께 예배하며 그분을 받들
때, 부드럽고 기쁨에 찬 두려움을 품고서 그분 앞에 나아갑니다. 그것
은 우리로 하여금 납작 엎드리게 만드는 동시에 우리를 매우 높은 경
지까지 고양하는 두려움입니다. 이는 우리 심령이 육신의 눈에 보이
지 않는 그분께 경배하는 일에 전념할 때, 그리하여 그분의 임재 앞에
서 거룩한 즐거움을 맛보며 깊이 전율할 때, 우리는 그 어느 때보다도
더 가까이 하늘의 황금 보좌 앞으로 나아가기 때문입니다."[14]

　이 두려움을 품은 이들은 하나님을 진심으로 기뻐하기에, 그분
의 뜻을 좇아 행하는 일에서 순전한 즐거움을 발견한다. 즉 "여호와

를 경외하"는 이들은 "그의 계명을 크게 즐거워"한다(시 112:1). 이와 동시에, 하나님은 그분 앞에서 깊이 전율하며 강렬한 기쁨을 누리는 이들을 통해 즐거움을 얻으신다.

> 여호와는 말의 힘이 세다 하여 기뻐하지 아니하시며
> 사람의 다리가 억세다 하여 기뻐하지 아니하시고
> 여호와는 자기를 경외하는 자들과
> 그의 인자하심을 바라는 자들을 기뻐하시는도다(시 147:10-11).

청교도 설교자들은 하나님을 향한 이 두려움이 지니는 참된 성격을 자주 설명했다. 이는 그들의 회중이 두려움을 즐거움과 정반대되는 감정으로 간주하는 경향을 보였기 때문이었다. 예를 들어, 윌리엄 에임스^{William Ames}는 죄악된 두려움과 권장할 만한 두려움을 서로 구별했다. 그에 따르면, 죄악된 두려움은 "사람들로 하여금 하나님을 겁내어 피하거나 그분에게서 멀리 벗어나도록 이끄는 감정"이다. 또한 "하나님의 진노만을 겁내는 이들이 품는 감정"이다. 이와 달리, 성경이 권고하는 두려움의 특징은 다음과 같다. "우리가 품는 두려움의 주된 원인은 우리를 위태롭게 만드는 어떤 악한 일에 있지 않고, 오히려 하나님의 탁월한 속성들에 있다."[15] 청교도들의 관점에 따르면, 이것이 성경에서 하나님을 향한 올바른 두려움에 관해 언급하는 방식이다. 여호와께서는 예레미야 2장에서 자신을 생수의 근원으로 지칭하면서 이렇게 탄식하신다.

내 백성이 두 가지 악을 행하였나니

곧 그들이 생수의 근원되는 나를 버린 것과

스스로 웅덩이를 판 것인데

그것은 그 물을 가두지 못할 터진 웅덩이들이니라(13절).

그런데 그들이 생수의 근원이신 여호와를 버렸다는 것은 구체적으로 무엇을 의미할까? 그분은 계속해서 다음과 같이 말씀하신다.

네 하나님 여호와를 버림과

네 속에 나를 경외함이 없는 것이

악이요 고통인 줄 알라(19절).

이처럼 여호와를 경외하는 이들은 그분을 즐거워하며, 그분이 베푸시는 달콤한 생수를 마시게 된다. 하나님이 "모든 신들보다 경외할" 대상이 되신다는 말씀의 궁극적인 의미는 바로 여기에 있다(시 96:4).

따라서 하나님을 향한 올바른 두려움은 그분 안에서 누리는 즐거움의 이면에 놓인 음울하고 부정적인 현상이 아니다. 그 두려움과 기쁨 사이에는 어떤 긴장도 존재하지 않는다. 오히려 이 깊은 전율과 함께 찾아오는 '하나님을 향한 두려움'은 성도들이 그분 앞에서 체험하는 강렬한 행복감을 표현하는 또 다른 방식이다. 다시 말해, 성경이 언급하는 하나님을 향한 두려움은 신자에게 가장 합당한 유형의 기뻠이 무엇인지 헤아리도록 도움을 준다. 하나님은 그분을 향한 갈망과 그분 안에서 누리는 즐거움이 미적지근한 것이 되기를 뜻하지 않으셨다. 하나님을 향한 사랑이 깊은 전율과 경이로 충만하듯이, 그분 안에서 체험하는 기쁨 역시 가장 순전한 의미에서 그러한 전율과 경이, 곧 두려움에 찬 감정이 되어야 한다. 이는 우리가 경험하는 기쁨의 대상이신 하나님이 지극히 두려울 정도로 경이로운 분이기 때문이다. 우리는 하나님 앞에서 기뻐하면서 깊은 전율에 떨도록 지음받았다. 즉 그분께 합당한 열정을 품고서 그분을 사랑하며 즐거워하도록 창조되었다. 하나님의 무한하신 위엄을 대면할 때, 우리의 연약한 자아로는 감당하기 어려울 정도로 그분을 기뻐하는 것, 그리하여 그분 앞에서 압도되며 깊은 전율을 느끼는 것보다 더 합당한 일이 어디에 있겠는가? 보통 우리가 하나님 앞에서 실제로 경험하는 기쁨은 냉담하고 손상되었다. 그러나 구원을 "두렵고 떨림으로" 이루는 동안에(빌 2:12), 우리는 점점 더 두려울 정도로 행복한 존재가 된다. 이는 우리가 섬기는 하나님이 그러한 복락 가운데 계신 것과 마찬가지다.

우리는 널리 알려진 다음의 두 진술을 나란히 놓고 살피면서, 두려움과 기쁨이 기이하게 결합되는 모습을 파악한다. 이 진술들 가운데는 깊은 지혜가 담겨 있다. 그중 하나는 "모든 사람의 본분"에 관해 언급하며, 다른 하나는 "사람의 주된 목적"에 관해 논한다. 하지만 이 두 진술의 취지는 동일하다. 즉 이들은 우리가 지음받은 목적에 관해 이야기한다. 첫 번째 진술은 구약의 전도서에서 온 것으로, 전도자는 자신의 논지를 다음과 같이 마무리한다. "일의 결국을 다

들었으니 하나님을 경외하고 그의 명령들을 지킬지어다. 이것이 모든 사람의 본분이니라"(전 12:13). 두 번째 진술은 웨스트민스터 소요리문답의 첫 번째 물음에 대한 답변이다. "사람의 주된 목적은 하나님을 영화롭게 하며 그분을 영원히 즐거워하는 것입니다." 그렇다면 우리는 하나님을 두려워하고 그분의 명령을 지켜야 하는가, 아니면 마땅히 그분을 영화롭게 하며 영원히 즐거워해야 하는가? 그러나 두 진술 사이에는 모순이 없는데, 이들은 하나의 동일한 진리를 서술하기 때문이다. 즉 하나님을 두려워하는 이들은 그분을 영화롭게 한다. 이는 요한계시록 15:4에서 승리의 노래를 부르는 성도들이 보여주는 바와 같다.

주여, 누가 주의 이름을 두려워하지 아니하며
영화롭게 하지 아니하오리이까.

또한 구약의 전도자가 하나님을 두려워할 것을 촉구할 때, 그는 곧 하나님을 영화롭게 하며 그분 안에서 깊은 즐거움을 누리도록 권면하는 것이다. 웨스트민스터 소요리문답은 바로 이 일을 '사람의 주된 목적'으로 지칭한다.

윌리엄 베이츠는 이 진리를 깨닫고서, "하나님을 향한 두려움과 우리의 믿음, 소망, 사랑과 기쁨 사이에 존재하는 일관성"을 논하는 일에 착수했다.[16] 그에 따르면, 각각의 실재들은 하나님이 우리 영혼 가운데서 행하시는 동일한 은혜의 사역에 속한 서로 다른 측면이다.

그러므로 이 두려움은 기쁨과 충돌할 수 없다는 것이다. 베이츠는 실제로는 이와 정반대임을 지적하면서 이렇게 언급한다. "우리 영혼이 하나님의 선하심에 대한 두려운 경이감으로 가득 찰 때, 우리는 그분 안에서 가장 깊은 즐거움을 누린다. 이 두려움은 슬픔과 달리 우리의 심령을 위축시키지 않으며, 우리로 하여금 마음을 활짝 열고서 그분을 찬양하도록 인도한다."17

여기서 요점은 하나님의 선하심만이 우리를 압도해서 그분을 즐거워하도록 이끈다는 것이 아니다. 오히려 신자들은 그분의 모든 속성을 바라보면서 기뻐하며 깊은 전율을 느낀다. 때로 성경에서 하나님께 속한 백성들은 그분의 선하심을 체험하면서 두려움에 찬 경배를 드린다. "너희는 여호와께서 너희를 위하여 행하신 그 큰일을 생각하여 오직 그를 경외하며 너희의 마음을 다하여 진실히 섬기라"(삼상 12:24). 또 다른 경우에는 하나님의 지혜가 그분의 백성 가운데서 동일한 결과를 가져온다.

> 이방 사람들의 왕이시여,
> 주를 경외하지 아니할 자가 누구리이까.
> 이는 주께 당연한 일이라.
> 여러 나라와 여러 왕국들의 지혜로운 자들 가운데
> 주와 같은 이가 없음이니이다(렘 10:7).

때로는 그분의 거룩하심이 동일한 효력을 드러낸다.

주여, 누가 주의 이름을 두려워하지 아니하며

영화롭게 하지 아니하오리이까.

오직 주만 거룩하시니이다(계 15:4).

때로는 그분의 위대하심이 그런 결과를 가져온다.

이스라엘아, 네 하나님 여호와께서 네게 요구하시는 것이 무엇이냐.
곧 네 하나님 여호와를 경외하여 그의 모든 도를 행하고 그를 사랑하
며 마음을 다하고 뜻을 다하여 네 하나님 여호와를 섬기고……너희의
하나님 여호와는 신 가운데 신이시며 주 가운데 주시요 크고 능하시며
두려우신 하나님이시라. 사람을 외모로 보지 아니하시며 뇌물을 받지
아니하시고(신 10:12, 17).

또한 우리는 하나님이 베푸시는 용서 앞에서 깊은 전율을 느낀다.

그러나 사유하심이 주께 있음은

주를 경외하게 하심이니이다(시 130:4).

각각의 경우에 신자들은 하나님이 지니시는 아름다운 속성들을 즐
거워한다. 이때 그분의 어떤 속성은 그분을 사랑하며 즐거워하도록
이끌지만 다른 속성은 겁에 질려 움츠려들게 만드는 것이 아니다. 이
에 관해 스티븐 차녹은 다음과 같이 설명한다.

떨며 즐거워하다

그리스도 안에 있는 신자에게는 하나님께 속한 어떤 성품도 무섭게 다가오지 않는다. 이제는 태양이 떠올랐고 어두운 그림자가 사라졌으며, 하나님은 사랑의 흉벽(중세의 성곽 위에 쌓은 사람의 가슴 높이의 담―옮긴이) 위를 거니신다. 그분의 공의는 구주의 옆구리에 자신의 흔적을 남겼으며, 율법은 그 힘을 잃었다. 그리고 하나님은 이제 손에서 무기를 내려놓으셨다. 그분은 가슴을 활짝 펼친 채로 우리와 마주하기를 마음속 깊이 갈망하시며, 그 생각 가운데 그분의 심장은 힘차게 약동한다. 그분의 모든 태도에는 우리를 향한 따스한 사랑이 담겨 있다. 그리고 영생은 예수 그리스도 안에서 이처럼 영광스러운 자비와 공의를 베푸시는 하나님을 알고 믿는 데 있다.[18]

우리가 성경을 열심히 탐구하는 이유가 바로 여기에 있다. 이는 곧 하나님이 이루시는 모든 일과 그분의 모든 속성을 더 잘 아는 것이다. 이렇게 성경을 살피는 가운데, 우리는 그분 안에서 강렬한 기쁨을 발견하면서 동시에 깊이 전율한다.

> 내 아들아, 네가 만일 나의 말을 받으며
> 나의 계명을 네게 간직하며
> 네 귀를 지혜에 기울이며
> 네 마음을 명철에 두며
> 지식을 불러 구하며
> 명철을 얻으려고 소리를 높이며

은을 구하는 것같이 그것을 구하며

감추어진 보배를 찾는 것같이 그것을 찾으면

여호와 경외하기를 깨달으며

하나님을 알게 되리니(잠 2:1-5).

새로운 마음의 본질

어떤 이들은 하나님을 향한 두려움이 이처럼 신자들의 삶에서 근본
적인 역할을 한다면, 이 감정이 성경에서 제시하는 성령의 열매 가
운데 포함되지 않은 이유가 무엇인지 의아해한다. 바울이 갈라디아
서에서 열거하는 성령의 열매는 "사랑과 희락과 화평과 오래 참음과
자비와 양선과 충성과 온유와 절제"다(5:22-23). 여기서 바울은 사
랑과 희락을 언급하면서도 두려움은 거론하지 않는다. 이에 관해 존
버니언은, 하나님을 향한 두려움이 그리스도인들이 지니는 "최상의
의무"라고 지칭하면서 다음과 같이 설명한다. "이 두려움은 그 자체
로서 하나의 의무일 뿐 아니라 다른 모든 의무에 합당한 '맛'을 부여
하는 '소금'의 역할을 한다. 이는 우리가 어떤 의무를 수행하든지 간
에 그것이 경건한 두려움을 통해 고유의 '맛'을 부여받지 않는다면,
어떤 일도 하나님이 받으실 만한 것이 될 수 없기 때문이다."[19] 이는
하나님을 향한 올바른 두려움이 신자들이 품게 되는 새로운 마음의
근원적인 기질에 속한 일부분임을 의미한다. 성령의 열매는 곧 하나
님을 두려워하는 신자의 마음속에서 형성되는 성품이다. 사랑과 희

락, 화평과 오래 참음, 자비와 양선, 충성과 온유 그리고 절제는 하나님을 향한 두려움이 그들의 심령 가운데서 아름답고 생생한 방식으로 구체화된 결과물이다.

바울이 성령의 열매 가운데 두려움을 포함하지 않았던 이유는 이 때문이다. 여기서 우리는 그 열매들의 목록에서 믿음이 언급되지 않은 이유를 물을 수 있다. 그 이유는 두려움과 마찬가지로, 믿음 역시 신자들이 품게 되는 새 마음의 기본 구조에 속한 일부라는 것이다. 하나님은 선지자 예레미야를 통해 새 언약에 관해 말씀하시면서 이렇게 약속하셨다. "나를 경외함을 그들의 마음에 두어 나를 떠나지 않게 하고"(렘 32:40). 성령이 신자들을 거듭나게 하실 때 그들 속에 부어 주시는 새 마음은 곧 하나님 앞에서 기뻐하며 전율에 떠는 마음이다. 이에 따라 그들은 늘 그분을 신뢰하면서 그분 곁에 머문다.

실로 하나님을 향한 올바른 두려움은 거룩함의 핵심에 자리한다. 이는 그분을 아는 참된 지식과 위선적인 겉치레를 식별하는 기준점이 된다. 이 두려움은 하나님을 신뢰하는 마음의 기본 구조 중 일부다. 그러므로 우리는 성경에서 이 두려움이 믿음으로 이어지거나 믿음을 낳는다는 말씀을 읽는다. 예를 들어, 이스라엘 백성은 "여호와께서 애굽 사람들에게 행하신 그 큰 능력을 보았으"며, 그로 인해 "여호와를 경외하며 여호와와 그의 종 모세를 믿었"다(출 14:31). 여호와의 말씀을 두려워하는 이들은 그 말씀에 귀를 기울인다(출 9:20-25; 히 11:7). 사실 구원받는 신앙은 하나님을 향한 올바른 두려움과 분리될 수 없다. 이는 그분께 의존하게 하는 이 두려움을 품은 정도까지만 그분을 신뢰하기 때문이다. 이렇듯 두려움은 하나님을 향한 사랑과 그분 안에서 누리는 기쁨의 본질을 규정할 뿐 아니라, 우리가 그분을 신뢰하도록 인도한다. 따라서 장 칼뱅은 다음과 같이 언급한다. "성경이 제시하는 하나님을 아는 지식은……먼저 그분을 두려워하고 다음으로 그분을 신뢰하도록 이끈다."[20] 이 일의 순서는 불가피한데, 이는 하나님을 두려워하는 마음을 품은 이들만이 그분을 신뢰할 수 있기 때문이다.

이 일 가운데는 깊은 위로가 자리한다. 사실 우리는 천성적으로 자신의 성과나 실적을 자존감의 기반으로 삼곤 한다. 그러므로 자신의 존재가 쓸모없다고 느끼는 그리스도인들, 예를 들어 요양원에서 여생을 보내거나 외관상 따분한 일에 종사하고 있는 이들은 깊은 좌절감에 빠질 수 있다. 그러나 "여호와는 자기를 경외하는 자들과 그의 인자하심을 바라는 자들을 기뻐하"신다(시 147:11). 이 말씀은 늘 진리이며, 따라서 하나님을 두려워하는 이들은 곧 복된 자들이다. 이에 관해 버니언은 다음과 같이 언급한다.

하나님은 자기 백성이 외적인 의무를 수행하거나 자신의 영혼이 구원받는 일을 통해 위로를 얻도록 정하지 않으셨다. 오히려 그분을 믿고 사랑하며 두려워함으로 참된 위로를 얻게 하셨다. 하나님은 그들이 건강한 상태에서 행한 일이나 자신의 가장 탁월한 재능을 적절히 다룬 일을 통해 위로를 얻게 하지도 않으셨다. 다만 그리스도를 영접하며 그분을 두려워함으로 위로를 얻게 하셨다. 선량한 그리스도인들은 설령 그들이 평생 병상에 누워 있을지라도 이 일들을 하나님이 받으실 만한 방식으로 행할 수 있다. 즉 그들은 병든 상태에서도 하나님을 믿고 사랑하며, 또 그분을 두려워할 수 있다. 그러므로 그들은 복된 자다. 여기서 궁핍한 그리스도인들은, 그들의 비천한 혈통을 언급하면서 세상적인 지혜와 영광이 없음을 지적하는 이들에게 대답할 말을 얻는다. 그들은 이렇게 고백할 수 있다. "제가 더러운 곳에서 태어난 것은 사실입니다. 저는 낮고 천한 신분에 속해 있습니다. 하지만 저는 하나님을 두려워합니다. 저는 이 세상에서 큰 사람이 아니며, 본성적으로 탁월한 재능을 지니고 있지도 않습니다. 하지만 하나님을 두려워하는 마음으로 살아갑니다."[21]

물론 이런 진리의 이면에는 중대한 요구가 자리한다. 주님은 우리의 마음속을 살피시며, 그 마음이 그분을 향한 사랑과 경이와 찬미 가운데 깊이 전율하는 것을 볼 때 기뻐하신다. 자기 내면을 점검하는 대신에 그저 외적인 유용성만을 신뢰하는 이들은 이 진리 앞에서 자신의 삶을 진지하게 고민해야 한다.

그럼에도 모든 이들이 격려를 얻을 이유가 있다. 살아 계신 하나님이 어떤 분이신지 염두에 둘 때, 그분을 기쁘시게 하는 두려움은 겁에 질린 모습으로 비굴한 자세를 보이는 일이 아니기 때문이다. 하나님은 무자비한 압제자가 아니다. 오히려 그 두려움을 품은 이들은 환희에 찬 사랑과 기쁨을 누린다. 이는 하나님이 얼마나 놀랍도록

자애로우며 위대하신 동시에 선하고 참된 분이신지를 느끼기 때문
이다. 그러므로 그들은 믿음으로 하나님을 깊이 찬미하면서 그분께
온전히 의존한다.

떨며 즐거워하다

4장

창조주께 압도되다

서로 다른 종류의 두려움이 존재한다. 어떤 두려움은 선하고 즐거우며, 또 다른 두려움은 해로운 동시에 겁에 질리게 만든다. 하나님을 향한 올바른 두려움이 있는 반면에 죄악된 두려움 역시 존재한다. 이 문제를 깊이 숙고할 때, 실상은 더 많은 종류의 두려움이 있다는 점이 뚜렷이 드러난다. 이는 하나님을 향한 올바른 두려움 중에서도 서로 다른 종류의 것들이 존재하기 때문이다. 이러한 언급이 논의의 핵심을 벗어나 사소한 문제에 집착하는 것처럼 들리더라도 양해해 주기 바란다. 사실은 그와 반대다. 이제 우리는 더 깊고 높은 곳으로 나아갈 것이다.

　여기서 장 칼뱅은 우리 논의의 배경을 설정하는 데 도움을 준다. 1559년에 그는 자신의 걸작인 『기독교 강요』*Institutes of the Christian Religion* 의

최종적이며 결정적인 판본을 출간했다. 사람들은 때로 칼뱅의 『기독교 강요』를 신앙에 대한 일종의 백과사전처럼 여긴다. 물론 우리는 그 책을 그런 식의 참고서로 사용할 수 있다. 하지만 칼뱅의 집필 의도는, 하나님을 아는 참된 지식이 올바르게 형성되는 과정을 보여주기 위해 일관된 논증을 전개하는 일이었다. 그는 이 논증을 다음의 네 단계에 걸쳐 제시한다.

제1권 창조주 하나님을 아는 지식.

제2권 그리스도 안에서 구속주가 되시는 하나님을 아는 지식.

제3권 우리가 그리스도의 은혜를 받는 길.

제4권 하나님이 우리를 그리스도의 공동체 안으로 초대하시며 그 안에 머물게 하시는 외적인 방편 또는 도구들.

지금 우리의 논의와 실제로 연관성이 있는 것은 이 논증의 첫 번째와 두 번째 단계지만, 이 두 단계는 우리가 다루는 내용의 성격을 놀랍도록 분명히 보여주는 역할을 한다. 칼뱅에 따르면, 하나님을 아는 지식에는 두 단계 또는 수준이 존재한다. 즉 창조주 하나님을 아는 지식과, 그리스도 안에서 구속주가 되시는 그분을 아는 지식이다. 이러한 논의는 우리에게 유용한 구분법을 제공한다. 하나님을 아는 지식이 두 단계로 구성되듯이, 하나님을 향한 올바른 두려움 역시 그에 상응하는 두 종류의 반응으로 이루어지기 때문이다. 창조주 하나님을 향한 두려움과 그리스도 안에서 구속주가 되시는 그분을 향한

떨며 즐거워하다

두려움이 바로 그것이다.

"주의 이름이 온 땅에 어찌 그리 아름다운지요."

첫 번째 유형에 속한 올바른 두려움은 하나님이 세상의 창조주이라는 사실 앞에서 보이는 경이와 전율에 찬 반응이다. 이 두려움을 품은 이들은 하나님이 장엄한 초월자로서 창조 세계 위에 또한 그 너머에 존재하신다는 것을 헤아리며, 실로 그 일을 즐거워한다. 하나님은 그분의 모든 속성 가운데서 거룩하고 엄위하신 동시에 완전하고 전능하신 분으로서 빛나는 아름다움을 드러내신다. 이 두려움을 품은 이들은 창조주이신 그분을 숙고하면서 깊은 경이감에 사로잡히며, 다윗과 마찬가지로 반응한다. "사람이 무엇이기에 주께서 그를 생각하시며"(시 8:4). 이들은 하나님의 영원한 위엄과 자존성, 그분의 변함없고 한결같은 성품을 생각하면서, 우리 인간이 얼마나 유한하고 덧없으며 작은 존재인지 절감한다. 이 점에 관해 칼뱅은 이렇게 기록한다.

성경은 일반적으로 성도들이 하나님의 임재를 체험할 때마다 깊은 경이와 두려움에 사로잡힌다고 말한다. 하나님이 임재하지 않는 곳에서는 세상 사람들이 흔들림 없이 확고한 상태를 유지한다. 하지만 그분이 자신의 영광을 드러내실 때에는 깊은 충격을 받고 할 말을 잃으며 죽음의 공포에 짓눌리게 된다. 이때 그들은 그분의 영광에 압도되어 멸절되기 직전의 상태가 된다. 따라서 우리는 이렇게 추론해야 한다.

"인간은 자신을 하나님의 위엄에 견주어 보기 전까지는 자신의 비천한 상태를 충분히 깨닫고 받아들이지 못한다." 나아가 우리는 구약의 사사기와 예언서들에서도, 사람들이 이처럼 하나님 앞에서 두려움에 떨었던 사례를 많이 접한다. 이 같은 두려움이 그들을 자주 사로잡았기에, 하나님께 속한 백성은 흔히 이렇게 고백했다. "우리가 하나님을 보았으니 반드시 죽으리로다"(삿 13:22; 또한 삿 6:22 – 23; 사 6:5; 겔 1:28; 2:1 참조).[1]

위의 인용문은 『기독교 강요』 제1권에서 온 것이며, 이 부분에서 칼뱅은 창조주 하나님을 아는 지식에 관해 고찰한다. 이 충격적이며 압도적인 경이감은 창조주이신 그분의 위엄을 숙고한 결과물로서 찾아온다.

이처럼 깊은 전율과 두려움에 사로잡히는 것은 분명 창조주 하나님 앞에서 마땅히 보여야 할 반응이다. 이 점을 생각할 때, 창조주이신 그분의 거룩하심은 우리가 억지웃음을 지으며 부자연스러운 목소리로 언급해야 할 단조롭고 무기력한 일이 아님을 알게 된다. 주권자이며 주님이신 하나님의 성품을 마주할 때, 우리는 압도적인 두려움을 느끼는 동시에 깊은 생동감과 빛나는 아름다움을 체험한다. 그러므로 그분을 두려워하지 않는 것은 어리석고 우둔하다. 실제로 (존 버니언에 따르면) 하나님을 두려워하지 않는 이들은, 말하지 못하지만 인간을 두려워할 줄 아는 동물들보다 더 어리석다(창 9:2). 이 점에 관해 그는 이렇게 기록한다.

하나님이 모든 피조물로 하여금 인간에게 복종하게 하셨지만, 정작 인간은 그분께 마음을 드려 순복하기를 거부한다. 이것은 얼마나 부끄러운 일인가? 들의 짐승과 새들, 물고기를 비롯한 모든 동물은 인간을 두려워하며 겁내는 마음을 품는다. 이는 하나님이 그것들의 마음속에 인간을 향한 두려움을 심어 주셨기 때문이다. 하지만 인간은 아무런 두려움이나 공포심 없이 살아간다. 즉 창조주이신 하나님, 인자한 마음으로 만물을 그의 발아래 두신 분을 향한 경건한 두려움이 결핍되어 있다. 죄인이여, 우둔한 소나 양, 돼지까지도 자신이 지음받은 창조의 법칙을 따르는데, 그대는 하나님의 법을 거스른다는 사실이 부끄럽지도 않은가?[2]

창조주 하나님의 영광과 위엄 앞에서 우리는 자신을 낮추어야 한다. 또한 그분의 빛나는 순결 앞에서 마땅히 부끄러움을 느껴야 한다. 우리는 그분의 신성하고 거룩하신 성품을 바라보면서 욥과 함께 이렇게 고백해야 한다.

내가 주께 대하여 귀로 듣기만 하였사오나
이제는 눈으로 주를 뵈옵나이다.
그러므로 내가 스스로 거두어들이고
티끌과 재 가운데에서 회개하나이다(욥 42:5-6).

창조주 하나님을 아는 지식은 참된 두려움을 낳으며, 그 두려움은 우리를 겸손과 회개의 자리로 이끌어 간다. 이에 따라 우리는 모든 자만과 허영심을 경멸하는 태도를 품게 된다.

불신자들이 창조주를 향해 품는 두려움

어떤 의미에서 그리스도인뿐만 아니라 세상 모든 사람이 창조주 하나님을 향한 이 두려움을 어느 정도 느낀다고 말할 수 있다. 예를 들어, 창세기 20장에서 언급하는 아비멜렉의 경우를 생각해 보자. 그는 아브라함의 아내인 사라를 정중히 대했는데, 이는 그가 이방인임에도 불구하고 하나님을 얼마간 두려워하는 마음을 품었기 때문이다 (9-11절 참조). 범신론자였던 시인 윌리엄 블레이크^{William Blake, 1757-1827}는 깊은 울림이 있는 시 「호랑이」^{The Tyger}에서, 하나님을 향한 자신의 두려움을 다음과 같이 예리하게 표현했다.

> 호랑이여, 호랑이여! 밤의 숲속에서
> 그대는 밝게 타오르는구나.
> 어떤 불멸의 손이나 눈길이,
> 그대의 두려운 균형을 짜 맞출 수 있었을까?
>
> 어느 먼 심연이나 하늘에서
> 그대의 눈에 담긴 불길이 타올랐던가?
> 그는 어떤 날개를 타고서 감히 날아올랐던가?

떨며 즐거워하다

어떤 손이, 감히 그 불길을 움켜쥘 수 있었을까?

어떤 이의 어깨 힘이나 기술이

그대의 심장에 있는 힘줄들을 비틀 수 있었을까?

그대의 심장이 고동치기 시작했을 때,

어떤 이의 두려운 손이나 발이 그것을 멈출 수 있었을까?

그대의 머리는 어떤 망치나 사슬로 다듬어졌으며,

어떤 용광로 가운데서 빚어졌던가?

그것은 어떤 모루 위에서 틀이 잡혔으며,

어떤 두려운 손길이 그 지극한 공포를 움켜쥘 수 있었던가!

별들이 자신의 창을 내던지고

그들의 눈물로 하늘을 적셨을 때,

그분은 자신의 작품을 보고서 미소 지었던가?

어린양을 만드신 그분이 그대 역시 만드셨던가?

호랑이여, 호랑이여! 밤의 숲속에서

그대는 밝게 타오르는구나.

어떤 불멸의 손이나 눈길이,

감히 그대의 두려운 균형을 짜 맞추었을까?[3]

여기서 우리는 블레이크가 무서운 호랑이의 모습을 살피면서, 그것의 창조자는 실로 두려운 존재임이 틀림없다고 생각했음을 볼 수 있다. 이런 그의 생각에는 분명 옳은 점이 있다. 그런 야수를 창조하신 이는 두려운 존재여야 하며 또 실제로 그러하시기 때문이다. 하지만 블레이크는 그 너머의 일들을 헤아리지 못했다. 이에 따라 창조주 하나님을 두려워하기는 하지만 사랑하지는 않는 상태에 머물렀다. 이런 종류의 두려움에 관해 C. S. 루이스의 '스승'이었던 조지 맥도널드는 다음과 같이 언급한다.

우리에게 정체가 알려지지 않았지만 그것이 존재한다는 점만은 알려져 있는 존재들은 늘 어느 정도 두려움을 가져다줍니다. 그 존재가 우리보다 무한히 위대하다는 점, 그리고 그 존재가 무언가를 요구할 권리를 지니며 또한 요구한다는 점을 알게 될 때, 그 요구되는 일들에 대한 지식이 모호할수록 불안은 더 커집니다. 또한 우리의 양심이 온전하지 못할 때, 이 불안은 하나의 공포로까지 자랄 수 있습니다. 이때 그절대자—그가 창조자로 여겨지든 통치자로 여겨지든 간에—의 개념에 몰두하는 이의 정신이 어떤 본성을 지니는지에 따라, 그 공포심의 유형과 정도가 결정될 것입니다. 이런 공포심을 품은 이들이 굳이 하나님에 관한 숭고한 개념을 지닐 필요는 없습니다. 그분을 가장 두려워하는 이들은 바로 그분이 자신과 마찬가지로 악한 자아를 지닌다고 상상하는 이들입니다. 즉 그분은 능력의 측면에서만 자신을 능가할 뿐이며, 그분의 독단적인 의지를 그들의 삶에서 쉽게 행사할 힘을 지닌

떨며 즐거워하다

다고 여기는 것입니다. 이런 자들이 하나님을 자신과 별반 다르지 않은 분으로 간주한다고 해서, 그분과 하나가 되려는 성향을 더 많이 드러내는 것은 아닙니다. 사실 동일한 수준의 미움과 불신을 품은 이들만큼 서로에게서 멀리 거리를 두는 자들이 또 어디 있겠습니까? 이처럼 사람들이 사랑과 의가 없이 능력만 있다고 여겨지는 존재에게 의존할 때, 이는 그저 헌신이 없는 경배와 혐오스럽고 비굴한 아첨을 낳을 뿐입니다.[4]

신자들이 창조주 하나님을 향해 품는 두려움

이제 블레이크의 시를 찬송작가 아이작 와츠 Isaac Watts의 시와 비교해 보자. 이 시에서 와츠는 다음과 같이 창조주 하나님의 위엄을 숙고한다.

영원한 능력이시여, 당신의 지극히 높은 처소는
신의 위엄에 합당합니다.
별들이 각자의 작은 궤도를 도는 그 영역 너머로,
당신의 거주지는 무한히 뻗어 있습니다.

당신의 보좌 주위에 있는 가장 낮은 계단도,
가브리엘이 디디기에는 너무 높이 솟아 있습니다.
키 큰 천사장은 경이에 찬 눈빛으로
당신이 계신 곳에 닿으려고 애쓰지만 헛수고일 뿐입니다.

그가 노래하는 동안 당신의 아름다움이 눈부시게 빛나며,
이에 그는 자신의 날개 뒤로 그 얼굴을 숨깁니다.
당신의 보좌 주위에 빛나는 모습으로 서 있는 이들도
엎드려 당신께 경배하며 온 하늘을 채웁니다.

주여, 흙과 먼지에 불과한 우리가 무엇을 해야겠습니까?
우리 역시 우리의 창조자이신 당신께 경배합니다.
죄와 먼지 가운데서, 우리는 당신께 이렇게 부르짖습니다.
위대하고 거룩하신 이, 높이 계신 분이시여!

이 땅도 멀리서 당신의 명성을 들었으며,
벌레까지도 당신의 이름을 입에 올리는 법을 배웠습니다.
하지만 오! 당신의 인격 속에 담긴 영광은
우리의 모든 심원한 생각들을 능가합니다.

당신은 하늘에 계시며, 우리는 이 낮은 땅에 있습니다.
그렇기에 우리의 곡조는 짧고, 말들 역시 그러해야지요.
신성한 경외심이 우리의 노래를 막아서고,
당신을 향한 찬미는 혀끝에 조용히 머무릅니다.[5]

블레이크와 마찬가지로, 와츠는 이 시에서 자신을 압도하여 말을 잃
게 만드는 경이감을 표현한다. 그는 하나님의 높으신 위엄 앞에서 자

떨며 즐거워하다

신이 죄와 먼지 같은 존재일 뿐이라고 느낀다. 하지만 그 경이감이 지니는 어조는 전혀 다른데, 와츠의 시에는 그 목소리 가운데 깊은 찬탄이 담겨 있기 때문이다. 그가 품은 두려움은 창조주 하나님을 경배하며 그분께 헌신하는 성격을 띤다. 그의 두려움에는 그분을 향한 사랑이 담겨 있으며, 그러므로 그는 하나님을 피해 도망치는 대신에 그분을 바라보면서 땅에 엎드려 예배하는 자세를 취한다.

그렇다면 두 시인이 이처럼 다른 태도를 보인 이유는 무엇일까? 간단히 말해, 와츠가 하나님을 더 깊이 알았기 때문이다. 그는 창조주 하나님을 아는 지식뿐만 아니라 그리스도 안에서 구속주가 되시는 하나님에 대한 지식 역시 지녔다. 그런데 겸손하고 인자하며 긍휼이 많으신 구속주인 하나님을 아는 지식은 그분이 창조주로서 지니시는 초월적인 위엄을 더욱 아름답게 드러낸다. 창조주 하나님의 숭고한 위엄이 가장 자애로운 구주이신 그분에게서 나오는 것임을 알 때, 우리는 더 깊은 경이감을 느끼며 그분을 더욱 즐거워하게 된다. 이처럼 구속주이신 하나님을 알 때, 우리는 (블레이크가 품었던 것과 같은) 그분의 성품에 대한 모든 의심에서 해방된다. 또한 두려우신 하나님이 우리를 적대시하실지도 모른다는 두려움에서 벗어난다. 이 점을 달리 표현하면, 이때 우리는 자유를 얻어 창조주이신 그분의 손길을 온전히 누리게 된다.

조나단 에드워즈^{Jonathan Edwards}는 블레이크가 품었던 것과 같은 '그분을 구속주로서 아는 지식이 없이 창조주 하나님을 아는 지식'에 관해 이렇게 설명했다.

은혜가 전혀 없는 이들도 하나님의 위대하심과 강한 능력 그리고 두려운 위엄을 뚜렷이 인식하고 그로부터 깊은 인상을 받는 일이 불가능하지는 않다. 이는 마귀에게도 그런 일이 가능하기 때문이다. 다만 그들은 하나님을 아는 영적인 지식, 곧 그분의 도덕적인 속성들이 얼마나 사랑스러운지를 인식하는 감각을 잃어버린 상태에 있다. 즉 그들은 그런 유형의 아름다움에 대한 느낌 또는 그로부터 얻는 즐거움을 완전히 잊은 채로 살아간다. 하지만 그들은 (이를테면) 하나님의 영광스러운 본성이나 그분의 두렵고 크신 위엄에 관해서는 많은 지식을 지니고 있다. 그들은 두려우신 하나님의 모습을 바라보면서 그로부터 강한 인상을 받는다. 그러고는 그분 앞에서 깊은 전율에 사로잡혀 떤다.[6]

그런데 에드워즈는 그의 글 「개인적인 진술」Personal Narrative(에드워즈의 신앙 간증이 담긴 글—옮긴이)에서 자신이 바로 그런 사람이었음을 회고한다. 그의 기록에 따르면, 유년기에 에드워즈의 마음은 "하나님의 주권 교리에 대한 반감으로 가득 차" 있었다.[7] 그는 하나님 안에서 안식을 누릴 수 없었으며, 그러므로 창조주이신 그분에 대한 지식을 두려운 것으로 간주했다. 그에게 이런 두려움은 특히 번개를 동반하는 폭풍우에 대한 공포의 형태로 나타났다. "나는 번개가 칠 때마다 유난히 심한 두려움을 느꼈다. 그리고 폭풍우가 밀려오는 것을 볼 때면, 깊은 공포심에 사로잡히곤 했다."[8] 그러나 에드워즈는 성경을 읽어 가면서, 하나님의 탁월하신 속성들을 조금씩 깨닫기 시작했다. 그러고는 "만일 하나님의 임재를 누리며 하늘에 계신 그분께로 들려

올라갈 수 있다면 얼마나 행복할지"를 느끼게 되었다.[9]

대략 그때부터, 나는 그리스도와 그분께 속한 구속의 사역, 그리고 그분이 이루시는 영광스러운 구원의 길에 관해 새로운 종류의 이해와 개념들을 품게 되었다. 나는 이런 일들에 대한 내적이며 달콤한 감각이 때때로 마음속에 찾아오는 것을 경험하곤 했다. 이때 내 영혼은 그 일들을 즐겁게 관조하며 묵상했다. 그리고 나는 그리스도에 관해 읽고 깊이 생각하는 일에 시간을 쏟으며 몰입했다. 즉 그분의 인격이 지닌 아름다움과 탁월함에 관해, 값없는 은혜를 통해 주어지는 구원의 방도가 지닌 사랑스러움에 관해 깊이 숙고했다.[10]

그리스도 안에서 구속주가 되시는 하나님에 대한 이 행복한 생각들은 에드워즈가 창조주 하나님을 바라보는 방식을 완전히 바꾸어 놓았다. 이를 통해 창조 세계에 나타나는 그분의 영광을 체험하는 방식 역시 변화되었다. 이전에는 폭풍우만큼 그에게 깊은 공포를 안겨 주는 것도 없었다. 하지만

이제는 정반대로 그것이 내게 즐거움을 주었다. 나는 폭풍우가 처음으로 하늘 위에 나타났을 때 하나님의 임재를 체험했다. 그때 나는 그 일을 유익한 기회로 삼아, 시선을 구름에 고정하고 번개가 치는 모습을 바라보았다. 그러고는 천둥 속에서 울려 퍼지는 하나님의 두렵고도 장엄한 음성에 귀를 기울였다. 이런 일들은 종종 넘치는 즐거움을 안겨

주었으며, 그때마다 나는 그 위대하고 영광스러우신 하나님에 대한 달
콤한 묵상에 심취했다.[11]

높고 거룩하신 창조주 하나님이 또한 가장 은혜로우신 구속주라는
사실을 알게 되었을 때, 그분이 지으신 세계에 대한 에드워즈의 경험
은 변화되었다. 이제는 자기 주위의 세계를 돌아보는 동안에, 그것이
바로 자신의 창조주이자 구속주가 되시는 분의 작품임을 인식하게
되었다. 그러므로 그는 이렇게 고백한다.

> 이렇게 하늘과 구름을 바라보는 동안에, 내 마음속에 하나님의 영광스
> 러운 위엄과 은혜에 대한 달콤한 감각이 찾아왔다. 그것은 말로 표현
> 할 수 없는 감각이었으며, 나는 그분의 이 속성들이 서로 감미롭게 결
> 합되어 있다고 여기게 되었다. 즉 그분의 위엄과 온유함은 하나로 결
> 부되었으며, 그분의 위엄은 달콤하면서도 부드러운 동시에 거룩한 성
> 격을 띠었다. 그분의 온유함 역시 위엄이 깃든 것으로서, 그 가운데는
> 두렵고도 달콤한 느낌이 담겨 있었다. 하나님은 높고 위대하신 동시에
> 거룩한 부드러움을 지닌 분이셨다.
>
> 이 일이 있은 뒤에, 신적인 일들에 대한 감각은 점점 더 깊어졌다.
> 그 후로 나는 하나님께 속한 일들을 더욱 생생히 느꼈으며, 그로부터
> 내적인 달콤함을 맛보게 되었다. 이제는 모든 것의 모습이 다르게 보
> 였다. 이를테면 이 세계의 모든 사물 속에 고요하고 감미로운 하나님
> 의 영광이 깃들어 있는 것처럼 다가왔다. 주위의 온갖 피조물, 곧 해와

달과 별들, 구름과 푸른 하늘, 풀과 꽃과 나무들 그리고 강물을 비롯한 모든 자연 세계 가운데서 하나님의 탁월성과 지혜, 그분의 순결과 사랑이 드러나는 듯했으며, 나는 이런 피조물들을 관찰하는 데 깊이 마음을 쏟았다. 나는 종종 풀밭에 앉아서 오랫동안 달을 바라보았으며, 낮에는 높은 하늘과 구름을 응시하면서 그 속에서 드러나는 하나님의 감미로운 영광을 음미하는 데 많은 시간을 보냈다. 이같이 시간을 보내는 동안에 창조주며 구속주가 되시는 그분에 관해 묵상한 내용을 낮은 목소리로 노래했다.[12]

찰스 스펄전은 신자들이 하나님을 흠모하는 마음에서 그분을 향한 두려움을 품긴 하지만, "예수님을 믿는 우리는 우리의 왕이 되시는 하나님을 결코 무서워하지 않는다"고 주장했다.[13] 이는 세상을 통치하시는 그분이 아름다운 성품을 지니고 계심을 우리가 알기 때문이다. 주권자이신 창조주 하나님은 곧 은혜롭고 자비하신 구속주다. 그러나 하나님이 왕이시며 창조주라는 사실만을 (또는 주로 그것을) 가르침받는 이들은 윌리엄 블레이크처럼 그분을 공포의 대상으로 여기는 상태에 머물 것이다. 하나님이 구속주로서 죄인에게 은혜를 베푸신다는 사실을 접하는 이들만이 에드워즈와 마찬가지로 창조주이신 그분을 즐거워할 수 있다. 이 점에서 스펄전 역시 같은 모습을 보였다. 이제 그의 말이 에드워즈의 고백과 얼마나 유사하게 들리는지 살펴보자.

우리는 때로 광활한 바다를 응시합니다. 또 하늘에 있는 수많은 별들을 올려다보고 곤충의 날개를 관찰하면서, 자연의 미세한 부분에서도 하나님의 탁월한 솜씨가 드러나고 있음을 봅니다. 또 폭풍우가 몰아칠 때, 우리는 번쩍이는 번개의 불빛을 바라보면서 여호와의 음성처럼 울려오는 천둥소리를 듣곤 합니다. 그럴 때 여러분은 종종 몸을 움츠리면서 이렇게 고백하지 않습니까? "오 위대하신 하나님, 당신은 얼마나 두려우신 분인지요!" 하지만 이때 우리는 그분을 겁내는 것이 아니라 기쁨이 충만한 마음으로 그분 앞에 나아갑니다. 즉 자기 아버지가 지닌 부와 지혜와 능력을 바라보면서 즐거워하는 어린 자녀처럼 그분 앞에 다가갑니다. 이때 우리는 편안한 행복감을 느끼지만, 동시에 자신이 얼마나 작은 존재인지를 절감합니다!14

이처럼 스펄전은 하나님의 창조 세계 안에서 (무서움이 아닌) 깊은 즐거움과 전율을 느꼈다. 이는 광대한 하늘과 정교하게 지음받은 곤충들 그리고 강력한 천둥이 모두 자신의 "아버지가 지닌 부와 지혜와 능력"에서 오는 것이었기 때문이다. 그는 창조주 하나님이 그리스도 안에서 자신의 아버지가 되심을 알았던 것이다.

이 두려움이 주는 유익들

그리스도인들은 이처럼 두려우신 창조주 하나님이 또한 인자한 구속주가 되신다는 지식 안에 안전히 머물면서, 창조주이신 그분의 압도적인 위엄을 즐거워할 수 있다. 실제로 하나님의 빛나는 영광을 숙고하면서 두려움에 찬 경이감을 품는 일은 건강한 그리스도인들의 삶이 지니는 핵심 요소다. "우리가 다 수건을 벗은 얼굴로……주의 영광을 보매 그와 같은 형상으로 변화하여 영광에서 영광에 이르니"(고후 3:18). 하나님의 장엄한 모습을 묵상할 때, 우리는 마음의 초점을 자신에게서 돌린다. 이때 우리는 우리보다 크신 분에게서 경이감을 느끼며, 자신의 하찮음을 깨닫게 된다. 그분의 심원한 위엄을 바라볼 때, 날마다 집착하던 자기만의 사소한 일들에서 벗어나 자신이 아닌 다른 존재를 향한 애착을 키워 간다. 이와 동시에, 우리보다 크고 순전하신 분을 묵상함에 따라 우리의 생각이 고양되며 정결함을 입는다.

하지만 안타깝게도, 오늘날에는 그리스도인조차 이와 같이 하나님을 아는 지식을 지적이며 비실용적인 사치로 간주하곤 한다. 실제로 우리는 어떤 일에 관해 실제적인 요령을 알려 주는 책이나 할 일을 제시해 주는 설교를 좋아한다. 이는 그런 책과 설교가 좀 더 생산적으로 느껴지기 때문이며, 이런 성향 자체는 잘못된 것이 아니다. 하지만 이에 관해 성경은 다음과 같이 선포한다. "영생은 곧 유일하신 참 하나님과 그가 보내신 자 예수 그리스도를 아는 것이니이다"(요 17:3). 온갖 도전과 시련이 닥쳐오는 현대의 분주한 삶 속에서, 우리가 겪는 모든 일을 올바른 관점, 곧 더 크고 건강하며 복된 관점에서 보게 해주는 것은 바로 하나님의 영광에 대한 신선한 묵상이다.

위대한 청교도 신학자 존 오웬은 개인적인 경험을 통해 이 점을 잘 알고 있었다. 그는 마음이 찢어지는 듯한 슬픔에 고통스러울 정도로 익숙한 사람이었다. 오웬은 생애 후반부에 잉글랜드 정부의 괴롭힘에 시달리면서 사역에 어려움을 겪었을 뿐만 아니라, 열한 자녀와 아내 메리가 모두 죽어서 땅에 묻히는 것을 바라봐야 했다. 하지만 열 명의 자녀가 세상을 떠난 후에 그는 다음과 같이 기록했다.

그리스도의 영광을 적절히 묵상하는 일은 우리 마음을 회복시키며 가라앉힌다.……[그 일은] 이 땅의 삶에서 겪는 온갖 시련 너머로 신자들의 마음과 생각을 고양시킬 뿐 아니라, 그 시련들이 지닌 모든 유해한 요소를 물리치는 최상의 해독제가 된다. 이러한 묵상이 없이는, 우리 영혼이 시련으로 인해 혼란에 빠지며 그 속에 갇혀 버릴지도 모른다.[15]

하나님의 영광을 새롭게 묵상할 때, 그 일은 그저 우리의 관점을 고양하며 바로잡는 데 그치지 않는다. 그 일을 통해 우리는 다시금 영혼의 생기를 얻는다. 오웬은 계속해서 다음과 같이 언급한다.

자신의 영혼 가운데 은혜의 쇠퇴가 뚜렷이 드러나는 것을 경험하는 이들이 있는가? 이처럼 은혜가 쇠퇴할 때, 생기 없고 냉담하며 열의가 없는 상태와 더불어 일종의 영적인 우둔함과 무감각이 우리의 심령 속에 찾아온다.……그런 영혼의 상태에서 벗어나 치유를 받기 위해서는 믿음을 품고서 그리스도의 영광을 새롭게 바라보며 그 안에 꾸준히 머무

떨며 즐거워하다

는 일보다 더 나은 것이 없다. 사실 그것이 유일한 방도다. 그리스도와 그분의 영광을 늘 묵상하는 일, 그 영광이 지닌 변혁의 능력을 마음속에 적용함으로 모든 은혜가 소생되게 하는 일이야말로 유일한 해결책이다.[16]

근래의 과학적 연구들은 경외심이 건강한 삶에 가져다주는 유익 중 일부를 확증한다. 2018년에 『인격과 사회심리학 저널』*Journal of Personality and Social Psychology*은 사람들이 경외심을 체험할 때 더욱 겸손해진다는 점을 보여주는 일련의 연구를 소개했다. 그 연구들에 따르면, "사람들은 자신의 세계관을 도전하는 광대한 실체를 대면할 때 경외심을 느낀다. 그로 인해 그들은 자신의 중요성을 낮추어 보며, 마침내 겸손한 상태에 이르게 된다." 또한 그 연구들은 다음과 같은 결과를 보고한다. "연구의 참여자들은 이같이 경외심을 품었을 때 다른 이들 앞에서 자신의 강점과 약점을 좀 더 균형 잡힌 방식으로 언급하는 모습을 보였다.……그리고 자신의 개인적인 성취에 외적인 요인이 기여한 부분을 더 뚜렷이 시인하게 되었다."[17]

같은 해에 『감정』*Emotion*이라는 학술지에는 또 다른 일련의 연구가 실렸는데, 이 연구들은 경외심이 우리의 안정감과 스트레스에 연관된 증상에 미치는 영향을 입증하려고 했다. 저자들에 따르면, 연구의 모든 참여자는 경외심을 체험한 뒤로 외상 후 스트레스 장애post-traumatic stress disorder의 증상은 줄어든 반면에, 전반적인 행복 지수와 삶의 만족도 그리고 사회적인 안정감 등은 증가했다.[18] 이보다 앞선

2015년에 이 학술지에는 깊은 경외심을 체험한 이들이 면역적인 측면에서 더 건강한 것으로 보인다는 연구 결과가 실린 적이 있다. 이 연구는 인간의 감정이 염증성 사이토카인의 작용에 미치는 영향을 살핀 것으로(이 물질이 높은 수준으로 발현하는 일은 당뇨병과 심장 질환, 우울증 등의 발병 원인과 결부되어 왔다), 당시 저자들은 이 분자들이 더 낮은 수준에 머무는 데에 경외심이 밀접하게 연관되는 것 같다는 결과를 제시했다.[19]

거룩함의 개념

창조주를 향한 두려움에 대한 연구로서 가장 유명하고 영향력 있는 것은 독일의 자유주의 신학자인 루돌프 오토Rudolf Otto가 수행했던 작업이다. 오토는 1917년에 저술한 『성스러움의 의미』Das Heilige에서 '누미노제'Numinose라는 용어를 고안했는데, 이것은 라틴어 '누멘'numen('영' 또는 '신성'을 의미하는 단어로, 원래는 신적이거나 영적인 존재를 지칭했다)에서 온 단어다. 그에 따르면, 누미노제는 우리의 이성을 초월하는 본질적인 종교 체험을 가리킨다. 이것은 곧 '전적인 타자'wholly other에 대한 체험이며, 오토는 이 일을 '두렵고도 매혹적인 신비'mysterium tremendum et fascinans라고 지칭했다. 이 표현은 누미노제가 ① 신비롭고 말로 표현하기 어려우며, ② 두려움 또는 경외심을 불러일으키는 동시에 ③ 매혹적인 성격을 지닌다는 것을 의미한다. 따라서 누미노제는 아름다운 동시에 두려움을 불러일으키며, 매력적인 동시에 압도적일 뿐 아니라 매혹적인 동시에 위압적인 특징을 지닌다. 오토는 이 '두려운 신비'를 다음과 같이 묘사했다.

이 느낌은 때로 부드러운 물결처럼 마음속에 스며들어서, 고요하고 깊은 경배 가운데 몰입하도록 이끌 수 있다. 그다음에는 더욱 일정하고 지속적인 영혼의 태도로 변화되어 벅찬 생기와 울림을 가져다준다. 마침내 그것이 소멸되고 나면 우리는 다시 "속된 세계", 곧 종교와 무관한 일상적인 삶의 체험을 이어 간다. 이 느낌은 영혼 깊은 곳에서 갑자기 경련이나 발작과 함께 터져 나올 수 있으며, 기이한 흥분 또는 도취와 광란, 환희와 황홀경으로 인도하기도 한다. 또한 이 느낌은 거칠고 악마적인 형태로 나타나기도 하며, 그럴 때는 소름끼치는 공포와 전율로 변질될 수 있다. 하지만 이 느낌은 아름답고 순전하며 영광스러운 감정으로 승화되기도 한다. 이 느낌은 피조물이 무언가 또는 누군가의 현존 앞에서 품는 겸손하고 말없는 침묵과 떨림의 태도가 되기도 한다. 이는 곧 말로 표현할 수 없는 신비로서, 모든 피조물 너머에 있는 존재 앞에서 느끼는 감정이다.[20]

오토의 주장은 영어권 세계에 깊은 영향을 끼쳤다. 예를 들어, C. S. 루이스는 『성스러움의 의미』를 자신의 직업적인 태도와 삶의 철학에 가장 큰 영향을 준 열 권의 책 중 하나로 언급했다.[21] 굳이 루이스를 연구하는 학자가 아니더라도, 오토의 사상이 그에게 얼마나 깊은 영향을 끼쳤는지는 쉽게 파악할 수 있다. 이는 루이스가 쓴 『나니아 연대기』^{The Chronicles of Narnia}의 분위기에서, 특히 아슬란이 등장하는 부분에서 '누미노제'를 느낄 수 있기 때문이다. 한 예로, 『사자와 마녀와 옷장』^{The Lion, the Witch and the Wardrobe}에서 비버 씨가 아슬란의 이름을 처음으로 언급했던 경우를 생각해 보자.

"사람들의 말로는 아슬란이 움직이고 있다는군요. 어쩌면 그분은 이미 이 땅에 상륙했는지도 몰라요."

이때 매우 흥미로운 일이 일어났다. 네 아이들 중 어느 누구도, 이 글을 읽는 여러분과 마찬가지로 아슬란이 누구인지 몰랐다. 하지만 비버가 그 말을 하는 순간, 아이들은 모두 무언가 전혀 다른 감정을 느꼈다. 어쩌면 여러분은 때로 꿈을 꾸는 동안에, 누군가로부터 이해하기는 어렵지만 무언가 거대한 의미를 지닌 듯이 느껴지는 말을 들은 적이 있을 것이다. 그것은 여러분이 꾼 꿈 전체를 악몽으로 바꿔 놓는 섬뜩한 말이었을 수도 있고, 너무 아름다워서 제대로 표현하기 힘든 사랑스러운 의미가 담긴 말이었을 수도 있다. 후자의 경우에 그 꿈은 실로 감미로워서, 여러분은 평생 그 일을 기억할 뿐 아니라 다시금 그 꿈을 꿀 수 있기를 늘 바라게 된다. 지금의 일이 바로 그 꿈의 경우와 같았다. 아슬란의 이름을 들었을 때, 네 아이들은 저마다 자신의 마음속에서 무언가가 약동하는 것을 느꼈다. 에드먼드는 알 수 없는 공포심이 찾아오는 것을 느꼈고, 피터는 갑자기 용기와 모험심이 솟아나는 것을 느꼈다. 수전은 맛있는 음식 냄새나 즐거운 노래의 곡조가 자기 옆을 스치는 듯한 기분을 경험했다. 루시는 여러분이 어느 날 아침에 일어

떨며 즐거워하다

나서 그날이 방학 또는 한여름의 첫날임을 깨달을 때 품게 되는 것과 같은 기분을 느꼈다.²²

케네스 그레이엄Kenneth Grahame 역시 자신의 동화 『버드나무에 부는 바람』The Wind in the Willows에서 이와 동일한 경험을 묘사했다. 이 책에서 물쥐와 두더지는 '새벽녘의 문에서 피리 부는 이'(이는 자연과 야생의 세계를 관장하는 이교의 신 판Pan을 가리킨다)를 찾기 위한 모험에 나선다. 그 결과, 그들은 진실로 신성하며 '누미노제적인' 일을 경험한다.

그때에 두더지는 갑자기 거대한 경외감이 자신을 감싸는 것을 느꼈다. 그 경외감은 그의 근육을 물처럼 풀어지게 했으며, 그는 고개를 숙이고서 발을 땅에 바싹 붙인 채로 서 있었다. 그 감정은 그를 겁에 질리게 만드는 공포심은 아니었다. 오히려 두더지는 자신이 놀라우리만큼 평화롭고 행복한 상태에 있음을 느꼈다. 그 경외감은 여전히 그를 깊이 사로잡고 있었다. 그는 위를 올려다보지 않고도 어떤 존귀한 존재가 매우 가까운 곳에 와 있음을 알 수 있었다. 그는 간신히 몸을 돌려 자신의 길벗인 물쥐를 찾았는데, 옆에 서 있던 물쥐 역시 두려움과 충격에 싸인 채로 심하게 떨고 있었다. 그들 주변의 나뭇가지에는 많은 새들이 앉아 있었지만 몹시 고요했고, 그 빛은 점점 더 커져 갔다.

두더지는 감히 눈을 들 수 없었다. 이제는 피리 소리가 그쳤음에도 불구하고, 그 존재의 부름은 여전히 강력하며 거부할 수 없는 것으로 다가오고 있었다. 그러므로 자신이 눈을 들어 유한한 피조물에게는 마땅히 감추어져 있는 그 일들을 바라볼 경우 곧바로 죽음을 맞게 된다 할지라도, 그는 그 부름을 외면할 수 없었다. 그는 떨리는 마음으로 그 존재에게 순종하면서 겸손히 머리를 들었다. 그 순간, 동트기 전 새벽녘의 청명한 빛 가운데서 온갖 놀라운 색채로 뒤덮인 자연 세계가 잠시 숨을 멈춘 듯했다. 그리고 두더지는 위대한 친구이자 조력자인 그 존재의 눈을 들여다보았다.……그를 바라보는 동안에도 두더지는 여전히 살아 있었으며, 동시에 깊은 경이감을 품고 있었다.

"물쥐야!" 두더지는 몸을 떨면서 간신히 이렇게 속삭였다. "너 지금 두렵니?"

"두렵냐고?" 물쥐는 말할 수 없는 사랑이 담긴 눈빛으로 작게 대답했다. "저분이 두렵냐고? 오, 전혀 아니야! 그런데, 그런데……. 오, 두더지야! 사실은 나 정말 두려워!"

그때에 두 동물은 땅바닥에 웅크리고 앉은 채로 고개를 숙여 절하면서 그 존재에게 경배했다.[23]

오토는 창조주를 향한 두려움이 지닌 일부 특징을 잘 파악했다(이 점에서는 루이스와 그레이엄도 마찬가지다). 앞서 보았듯이, 창조주 하나님은 실로 '두렵고도 매혹적인 신비'다. 말로 표현할 수 없이 두려우면서도 매혹적인 분이다. 하나님은 '소멸하는 불'같이 강렬한 위엄을 지니시며, 그분의 광휘는 죄인에게 공포심을 불러일으키는 동시에 성도에게는 즐거움의 근원이 된다. 하지만 하나님을 향한 올바른 두려움에 대한 성경의 관점이 오토의 서술 가운데서 온전하고도 균형

잡힌 방식으로 드러난다고 여겨서는 안 된다. 오히려 우리는 그의 주장을 조심스럽게 살펴볼 필요가 있다.

오토는 현대 자유주의 신학의 아버지로 알려진 프리드리히 슐라이어마허^{Friedrich Schleiermacher, 1768-1834}에게서 깊은 영향을 받았다. 슐라이어마허는 모든 종교가 하나의 동일하고 보편적인 종교적 본능 또는 감정을 서로 다르게 표현한 체계일 뿐이라고 주장했다. 그에 따르면, (기독교와 같은) 일부 종교는 다른 종교보다 좀 더 진보된 형태의 체계일 뿐이다. 오토는 여러 부분에서 슐라이어마허의 입장에 대해 비판적인 태도를 취하지만, 이 점에 관해서는 그의 생각을 그대로 따랐다. 그리하여 오토는 "진리가 거짓을 능가한다는 의미에서가 아니라 플라톤의 사상이 아리스토텔레스의 사상보다 더 낫다는 식의 의미에서" 기독교가 다른 종교보다 우월한 성격을 지닌다고 가르쳤다.[24] 따라서 오토는 누미노제의 성격을 묘사할 때, 자신이 특별히 기독교적인 개념을 서술하고 있는 듯한 태도를 취하지 않았다(이는 두더지와 물쥐가 판을 대면하는 장면에서 그레이엄이 보여주는 것이 이교적인 체험인지 아니면 기독교적인 체험인지 분간하기 어려운 것과 마찬가지다). 오히려 누미노제는 그가 원시적인 이교에서 현대의 불교에 이르기까지 여러 종교들 가운데서 파악해 낸 특징이었다. 다시 말해, 오토는 창조주 하나님을 아는 지식과 유사한 성격을 지닌 무언가를 묘사하기는 했다. 하지만 그리스도 안에서 구속주가 되시는 분을 아는 지식에 관해서는 언급하지 않았다. 따라서 오토가 묘사한 '두려운 신비'는 독특하면서도 구체적인 의미의 기독교적 두려움에 관해 교훈을 줄 수 없다. 이는 그리스도 안에서 구속주가 되시는 하나님을 향한 두려움이다.

『성스러움의 의미』에 담긴 탁월한 통찰과 지혜, 그리고 이 책이 끼친 광범위한 영향력을 고려할 때, 우리는 오토가 묘사한 '두려운 신비'를 성경이 언급하는 '하나님을 향한 두려움'의 실체를 보여주는 온전한 지도로 간주하기 쉽다. 하지만 오토는 그런 의도로 책을 저술하지 않았다. 만약 우리가 이와 같이 생각한다면 다음의 세 가지 주된 문제점이 발생한다.

첫째, 오토는 창조주와 피조물로서 하나님과 우리 사이에 존재하는 관계에 거의 전적으로 초점을 맞춘다. 그에 따르면, 누미노제는 주로 '우리가 피조물로서 느끼는 감정'에 결부되며, 이차적으로는 창조주의 압도적인 능력과 연관된다. 따라서 오토의 사상에는 명확한 구속의 개념이 없으며, 압도적인 능력을 행사하시는 창조주의 인자한 성품에 관해서도 언급하지 않는다. 직설적으로 표현하자면, 오토가 거론하는 '전적인 타자'는 그다지 사랑스러운 인격을 지닌 존재가 아니다. 물론 그의 입장을 공정하게 밝히자면, 오토는 누미노제를 매혹적인 감정으로 묘사할 뿐 아니라 그 '타자'를 향한 올바른 두려움 속에 일종의 갈망과 동경이 담겨 있음을 헤아린다. 하지만 그는 이 두려움의 본질을 제대로 설명하지 못한다. 오토의 생각이 지닌 이 결함을 적절히 드러내기 위해, 그와는 달리 하나님이 인자한 구속주가 되심을 깊이 의식하는 이의 사상을 한번 살펴보자. 이는 거룩하신 하나님에 관해 묘사한 조나단 에드워즈의 경우다.

하나님은 무한히 밝은 빛으로 스스로를 감싸고 계십니다. 우리가 태양 빛을 바라볼 때 눈이 아픈 것과는 달리, 그 빛은 고통을 주지 않습니다. 오히려 넘치는 기쁨과 즐거움을 마음속에 가져다주지요. 실로 어떤 이도 하나님을 보고서 살아남을 수 없는데, 이는 그분이 지닌 영광의 빛이 우리가 지닌 본성을 압도하기 때문입니다.……그분을 바라볼 때, 인간의 연약한 본성으로 감당하기에는 너무나 벅찬 기쁨과 즐거움을 얻게 됩니다.[25]

에드워즈에 따르면, 하나님은 거룩하심 가운데서 눈부시게 빛나는 동시에 지극히 매혹적인 분이다. 하지만 하나님이 이 같은 특성을 지니시는 이유가 단순히 자신의 압도적인 능력에만 있지는 않다. 에드워즈는 전능하신 창조주 하나님이 또한 영광스러운 구속주가 되심을 알았다. 그리하여 그분이 지니시는 거룩함의 본성을 오토보다 더 깊이 헤아릴 수 있었다. 그에 따르면, 하나님은 전능하실 뿐 아니라 존재와 복되심 자체가 넘치도록 충만한 상태에 있다. 이것이 바로 하나님이 눈부신 빛 가운데 계신 이유다.

　둘째, 위의 논의들은 하나님을 향한 두려움에 대한 오토의 이해가 본질적으로 '창조주를 향한 두려움'에 한정되어 있음을 보여준다. 그는 피조물이 창조주 앞에서 느끼는 것보다 더 높은 수준의 두려움이 존재할 가능성을 진지하게 헤아리는 모습을 거의 보여주지 않는다. 예를 들어, 오토는 구약의 족장들이 느꼈던 두려움을 묘사할 때, 그것을 오직 신의 현존 앞에서 자신들이 피조물임을 의식했던 감정으로 인식한다. 그에 따르면, 그것은 "만물보다 더 높은 존재 앞에서 피조물인 자신이 아무것도 아님을 깊이 자각하고 압도되었던 감정"이다.[26] 하지만 앞서 다루었듯이, 우리가 창세기의 본문에서 얻는 결론은 이와 다르다. 야곱이 벧엘에서 깊은 두려움을 느꼈던 일의 맥락을 살필 때, 우리는 여호와께서 그에게 베푸실 복들을 열거하심으로 야곱이 그분의 선하심에 압도되었기 때문임을 보게 된다. 이처럼 자신의 신학적 관점이 지닌 한계 때문에, 하나님을 향한 두려움에 대한 그의 이해 역시 축소되었다. 그의 관점에서 그 두려움은 우리가 그분의 초월성과 타자성 앞에서 느끼는 경외심 이상을 의미하지 않는다. 그리고 이와 같은 근시안적인 태도는 심각한 결과를 낳았다. 예를 들어 오토는 이렇게 주장한다. "자신이 그저 '먼지와 재'이며 아무것도 아님을 깊이 자각하는 일은……종교적인 겸손의 본질적인 바탕을 이루는 누미노제가 된다."[27] 오토가 논의하는 많은 내용들이 그러하듯이, 이 언급에도 진리가 담겨 있다. 하나님의 광대하심 앞에서 자신이 아무것도 아님을 느낄 때, 우리는 겸손해지기 때문이다. 하지만 이것이 우리가 거룩하신 그분 앞에서 겸손히 자신을 낮추는 유일한 이유는 아니다. 하나님이 구속주로서 드러내신 겸손과 은혜, 궁극적으로 그리스도의 십자가에서 나타난 그 은혜를 생각할 때, 신자들은 단순히 그분의 광대하심만을 염두에 둘 때보다 더 깊고 간절한 태도로 겸손한 마음을 품게 된다.

셋째, 오토가 묘사한 '두려운 신비'의 개념을 그대로 방치할 경우, 그 개념은 '하나님을 겁내는 일'로 금세 변질된다. 오토가 루터교 신자였다는 점은 역설적인데, 이는 마르틴 루터가 이런 위험성을 내다보면서 다음과 같이 언급했기 때문이다. "우리가 성부 하나님의 은총과 호의를 인식하는 일은 주 그리스도를 통해서만 이루어질 수 있다. 그분은 우리를 향한 성부 하나님의 마음을 보여주는 거울이기 때문이다. 그리스도 바깥에 있을 때, 우리는 하나님을 그저 무서운 진노 가운데 계시는 재판장으로 바라볼 뿐이다."[28] 오토는 그리스도를 통해 그 '두려운 신비'를 알지 못했기 때문에, 그저 낯설거나 우리를 대적하시는 하나님만을 마음에 품게 되었다. 그러므로 그의 관점에서 우리의 경외심을 자아내는 것은 무엇보다도 하나님의 초월성과 그분의 진노일 수밖에 없다. 오토는 이렇게 언급한다. "그 '두려움'은 곧 ὀργή오르게(하나님의 진노)를 향한 것일 뿐이다."[29] 여기서 우리는 존 머리 교수의 유익하고 지혜로운 통찰에 귀 기울일 필요가 있다.

경건의 정수인 하나님을 향한 두려움은 그분의 진노를 헤아림으로 생겨나는 공포심과는 다르다. 물론 그런 공포심을 품어야 할 이유가 있다면, 그 공포심이 결핍된 모습은 완고한 불경건을 드러내는 표시가 될 것이다. 하지만 경건의 토대이자 본질이 되는 하나님을 향한 두려움은 그분의 심판에 대한 두려움보다 훨씬 더 폭넓으며 중대하다. 또한 우리는 하나님의 심판에 대한 공포심 자체가 마음속에서 그분을 향한 사랑을 만들어 내지 못하며, 우리로 하여금 그분의 진노에 빠지게 하는 죄들을 미워하는 마음도 심판에 대한 공포심에서 생겨나는 것은 아님을 기억해야 한다. 즉 하나님이 우리에게 진노하실지라도, 그 일로 인해 우리의 내면에서 죄를 미워하는 마음이 일어나지는 않는다. 그 때 우리는 오히려 죄를 더욱 사랑하게 되며, 그분을 향한 더 깊은 적개심을 품게 된다. 이처럼 하나님이 내리시는 징벌에는 우리를 거듭나게 하거나 회심하게 만드는 능력이 담겨 있지 않다. 이와 달리, 경건의 본질이 되는 하나님을 향한 두려움은 그분을 향한 사랑과 경배의 마음을 품도록 우리를 이끌어 간다.[30]

다양한 신들과 그들에 대한 두려움

오토의 논의가 지니는 일부 문제점은 그가 서로 다른 종교들에서 공통적으로 나타나는 누미노제의 경험만을 다룬다는 것이다. 결국 누미노제의 특징이 되는 것은 (물리적인 것이 아닌) 영적인 실재에 대한 체험일 뿐이다. 기본적으로 그것은 우리와 '다른' 어떤 존재를 경험하는 일이며, 그 이상의 자세한 정의는 제시되지 않는다. 서로 다른 종교들 사이에는 분명 공통적인 누미노제 경험이 있지만, 중요한 차이점 역시 존재한다.

고대의 로마인들은 이렇게 언급했다. "이 세상에서 처음 신들을 만들어 낸 것은 바로 인간의 두려움이다." 하지만 각각의 신들은 다시 사람들이 서로 다른 종류의 두려움을 품도록 이끌었는데, 이는 그 신들이 지닌 본성과 성격에 따라 그들이 만들어 내는 두려움의 본성과 성격 역시 결정되었기 때문이다. 고대에 존재했던 그리스 로마의

떨며 즐거워하다

이교주의에서 신들은 그저 모호한 방식으로만 두려움의 대상이 되었다. 이는 그 신들이 자신의 숭배자들에게 더 많은 것을 요구할 만한 위엄을 지니고 있지 않았기 때문이다. 물론 제우스는 인간의 눈으로 바라보기가 힘들 정도로 빛나는 아름다움을 지니고 있었다고 전해진다. 하지만 일반적으로 그 신들은 두려움보다는 아첨의 대상이었다. 그들이 두려움의 대상이 되었다면, 그것은 그들의 경박하고 변덕스러운 성품과 사소한 일에도 보복심을 품는 태도 때문이었다. 힌두교의 경우, (잘린 사람의 머리를 손에 들고 있는) 파괴의 여신 칼리[Kali]는 좀 더 인자한 크리슈나[Krishna]와는 매우 다른 방식으로 두려움의 대상이 되었다. 이슬람교의 경우, '타크와'(taqwa: '알라를 향한 두려움')는 내적인 전율에 떠는 마음 상태보다도 외적인 의무를 충실하게 준수하는 것을 나타내는 개념이었다. 이후에 '타크와'는 더 내면적인 감정의 상태도 함축하게 되었는데, 그것은 곧 '알라의 징벌에 대한 두려움'이었다. 각각의 경우에 신들 앞에서 요구되는 두려움의 반응은 그 신이 지니는 본성에 따라 결정되었다.

이런 차이점을 감안할 때, 그리스도인들은 살아 계신 하나님이 단순히 만물의 창조주가 되신다는 사실을 넘어 그분이 어떤 종류의 존재이신지를 헤아릴 필요가 있다. 그리스도 안에서 구속주가 되시는 그분의 성품을 알 때, 그리스도인들이 품는 두려움은 다른 신들의 추종자들이 드러내는 두려움과는 뚜렷이 다른 모습을 띠게 될 것이다. 우리의 두려움이 명확히 기독교적이며 복된 것이 되기 위해서는 바로 이런 지식이 필요하다.

5장

아버지 하나님께 압도되다

하나님은 세상을 창조하시기 전에 무엇을 하고 계셨을까? 이것은 주후 4세기 전체에 걸쳐 벌어졌던 한 논쟁의 핵심에 놓인 질문이었다. 사람들은 하나님이 창조 세계를 다스리거나 자신의 피조물들과 어떤 식으로 소통하시기 전에, 영원의 세계에서 홀로 거하실 때 어떤 존재로 계셨는지를 알려고 했다. 이 논쟁은 이집트에서 알렉산드리아의 장로 아리우스^{Arius}가 성자는 피조된 존재이므로 참된 하나님이 아니라고 가르치면서 생겨났다. 그가 이렇게 가르쳤던 이유는, 하나님이 모든 것의 근원과 원인이 되시며 자신은 다른 어떤 존재에 의해 존재하게 되신 분이 아니라고 믿었기 때문이다. 아리우스에 따르면, '스스로 존재하시는 분' 또는 '다른 존재로부터 생겨나지 않은 분'은 하나님의 어떠하심을 나타내는 가장 기본적이며 최상의 정의였다. 그리고 성자는 한분의 아들이시므로 성부에게서 자신의 존재를 받았음이 분명하며, 따라서 그 정의상 그분은 하나님이 되실 수 없다고 주장했다.

성자 안에서 계시되신 성부 하나님

그러나 당시 더 젊은 신학자였던 아타나시우스^Athanasius^는 하나님에 대한 아리우스의 기본적인 정의가 그릇된 곳에서 출발했다고 믿으면서, 이후 여러 세기에 걸쳐 되풀이될 정도로 중요한 의미가 담긴 다음의 진술로 그에게 응답했다. "하나님이 행하신 일들에만 근거해서 그분을 '다른 존재로부터 생겨나지 않은 분'으로 지칭하는 것보다, 성자의 존재를 통해 하나님의 어떠하심을 분별하고서 그 하나님을 '성부'로 부르는 것이 더 경건하고 정확한 표현이다."[1] 다시 말해, 우리가 하나님에 관해 바르게 생각하는 방식은 그분을 주로 이 세상의 창조자로 여기는 데 있지 않다는 것이다(이는 "하나님이 행하신 일들에만 근거해서" 그분의 이름을 지칭하는 일이다). 이는 만약 하나님의 본질적인 정체성이 이 세상의 창조자와 통치자가 되시는 데 있다면, 그분이 자기 자신으로 존재하기 위해서는 그분이 다스릴 수 있는 창조 세계가 필요하기 때문이다. 그러나 하나님은 세상을 창조하기 전부터 영원히 존재하셨으며, 자기 자신이 되시기 위해 그 어떤 것에도 의존하지 않으시고 온전히 스스로 충분하신 상태 가운데 계셨다. 하나님은 무언가를 필요로 하는 분이 아니시며(행 17:25), 자신 안에 생명을 지니신다(요 5:26). 그분은 자존하시는 분(스스로 계시는 분)이다. 아타나시우스에 따르면, 그렇기 때문에 창조주이신 그분의 모습을 바라보는 것만으로는 하나님에 대한 참된 지식에 도달할 수 없다. 오히려 우리는 하나님이 친히 자신을 계시하신 방식에 귀를 기울여야 한다. 하나님은 성자를 통해 자신을 계시하셨으며, 성경 전체를 통해 우리에게 그 계시를 알리셨다. 그러므로 하나님의 존재에 관한 가장 기본적인 정의는, 그분을 계시해 주시는 성자로부터 주어진다. 그리고 성자와 그분의 말씀을 좇아서 생각할 때, 우리가 하나님에 관해 무엇보다 먼저 고백할 수 있는 것은 곧 니케아 신조^{Nicene Creed}의 첫 구절과 동일하게 다음의 진술임을 깨닫는다. "우리는 한분이신 아버지 하나님을 믿습니다"(다만 이것이 우리가 하나님에 관해 고백하는 유일한 내용은 아니다). 이처럼 우리는 성자를 통해, 이 창조 세계를 넘어서 하나님의 영원하고 본질적인 정체성을 들여다본다. 이것은 마치 우리가 그리스도를 통해 하나님이 계신 집의 현관으로 들어서며, 이 세계에서 드러나는 일들의 배후에 계신 분이 누구신지를 헤아리는 것과 같다.

종교개혁 시대에도 이런 관심사들이 다시 중요한 논의의 대상이 되었다. 당시의 개혁자들은 우리가 그분의 자기 계시를 염두에 두지 않은 채로, "그분이 행하신 일들에만 근거해서" 하나님에 관해 언급하기가 쉽다는 점을 헤아렸다. 그러므로 그들은 '오직 성경'의 원리를 하나님에 관한 교리에 적용하면서, 하나님은 타락한 인간이 외부의 도움을 받지 않은 채 기울이는 지적인 노력에 의해 참되게 알

떨며 즐거워하다

려지실 수 없다고 주장했다. 오히려 그 일은 복음 안에서 자신을 드러내신 그리스도에 관한 설교를 통해 이루어지게 된다는 것이다. 그러므로 필리프 멜란히톤Philipp Melanchthon은 이렇게 기록했다. "우리가 찾고 구하는 분은 바로 자신을 계시하신 하나님이다." 그렇다면 우리는 그분을 어떻게 찾을 수 있는가? 그는 이에 관해 이렇게 설명한다.

> 그리스도는 자신을 계시하시는 하나님을 향해 이런 식으로 우리를 인도하신다. 요한복음 14:8-9에서 빌립이 성부 하나님을 보여 달라고 청했을 때, 주님은 그를 진지하게 책망하면서 이렇게 말씀하셨다. "나를 본 자는 아버지를 보았거늘." 하나님은 우리가 게으르고 변덕스러운 사색을 통해 그분을 찾기를 바라지 않으셨다. 오히려 그분은 우리 앞에 모습을 드러내신 성자께 시선이 고정되기를 원하셨다. 그럼으로써 성자 안에서 자신을 계시하신 영원한 성부 하나님께 우리가 기도하도록 이끄시려는 것이 그분의 뜻이었다.[2]

하나님의 영광과 본성에 관한 가장 깊은 계시는 구속주가 되시는 그분의 정체성 가운데서 드러난다. 예를 들어, 이사야가 "이스라엘의 거룩한 이"에 관해 언급하는 방식을 생각해 보자. 이 "거룩한 이"는 높고 존귀하신 분으로서, 비할 데 없는 능력과 순결함 가운데 거하시며 "온 땅의 하나님"이 되신다(54:5). 그분은 세상의 창조자로서 "땅의 기초를 정하였고"(48:13), 사람을 지으셨을 뿐 아니라(41:4; 43:1; 54:5) 자연 세계를 다스리신다(41:18-19; 43:20; 49:11). 그런

데 각각의 본문에서 이사야는 이 거룩하신 이를 "구속자"로 언급한
다(41:14; 43:14; 47:4; 48:17; 49:7).

> 이는 너를 지으신 이가 네 남편이시라.
> 그의 이름은 만군의 여호와이시며
> 네 구속자는 이스라엘의 거룩한 이시라(54:5).

그리고 이사야는 이렇게 부르짖는다.

> 주는 우리 아버지시라.
> (…)
> 여호와여, 주는 우리의 아버지시라.
> 옛날부터 주의 이름을 우리의 구속자라 하셨거늘(63:16).

그러므로 하나님이 "높이 들린" 보좌에 앉아 계신다는 말씀(6:1)의
가장 깊은 의미는 오직 고난받는 종이 "높이 들"릴 때에 드러난다
(52:13). 바로 이 순간에, 우리는 "여호와의 영광이 나타나"는 모습
을 보게 된다(40:5). 예수님도 자신이 십자가에 달릴 때 "인자가 영
광을 얻"을 것이라고 말씀했으며, 이는 곧 그분이 "땅에서 들리"는
때였다(요 12:23, 32). 이 점에 관해 장 칼뱅은 다음과 같이 결론짓는
다. "진실로 하나님의 영광은 이 세상의 높고 낮은 모든 피조물 가운
데서 빛난다. 하지만 그 영광이 그리스도의 십자가에서만큼 환하게

떨며 즐거워하다

드러난 곳은 없다."³

칼뱅은 이 점을 염두에 두면서, 하나님을 아는 지식을 두 단계 또는 두 가지 수준으로 구분했다. 창조주 하나님을 아는 지식(『기독교 강요』의 제1권)과 그리스도 안에서 구속주가 되시는 하나님을 아는 지식(『기독교 강요』의 제2권)이 바로 그것이다. 그런데 그의 입장을 명확히 밝히자면, 칼뱅은 그리스도인들이 창조주 하나님을 아는 지식을 얻는 데서 그치는 일이 적절하다고(또는 가능하다고) 여기지 않았다. 그에 따르면, 하나님을 그저 창조주로만 간주하는 이들은 "가망이 없고 저주받은" 상태에 있다. "이는 자신이 하나님께 모든 것을 빚지고 있으며 그분의 아버지다운 돌봄의 손길로 양육받고 있다는 사실, 또한 그분이 자신에게 있는 모든 선한 일의 창시자이며 그분 외에 다른 무언가를 의지해서는 안 된다는 사실을 깨닫기 전까지, 사람들은 결코 그분을 자원하는 마음으로 섬기려 들지 않기 때문이다."⁴ 타락한 세상에서 죄인으로 살아가는 인간이 겪는 문제는 다음과 같다. "지금 인류는 몰락의 상태에 처해 있다. 따라서 그리스도께서 중보자로 나타나 하나님과 우리 사이를 화해시키기 전까지는 아무도 하나님을 자신의 아버지나 구원의 창시자, 또는 어떤 식으로든 자신에게 호의를 베푸시는 분으로 경험하지 못한다."⁵ 하지만 칼뱅은 그리스도인들이 전능하신 창조주 하나님을 자신들의 아버지로 생각하기를 원했다. 창조주 하나님의 사역이 그분의 아버지다운 손길에서 나오는 것임을 헤아리지 못한다면, 우리는 그분의 사역과 섭리를 제대로 이해할 수 없다(따라서 위로를 얻지 못한다). 칼뱅은 이렇게 주장한다. "우리는 마땅히 사물들의 질서 자체(창조 세계)로부터 하나님의 아버지다운 사랑을 부지런히 묵상해야 한다."⁶ 또한 그는 이렇게 언급한다. "한마디로 결론을 맺자면 이러하다. 우리는 하나님을 '하늘과 땅의 창조주'로 부를 때마다……자신이 진실로 그분의 자녀라는 점을 마음에 새겨야 한다. 우리를 자녀로 받아 주신 그분은 신실한 보호의 손길로 우리를 양육하며 훈계하신다."⁷

나아가 칼뱅은 자신의 독자들이 성자 하나님을 아는 지식을 얻기를 바라면서 이렇게 언급했다. "지금 우리는 하나님에게서 멀리 떠난 상태에 있지만, 성자는 우리를 창조주이신 그분께로 돌아가게 하신다. 그럼으로써 다시금 하나님이 우리의 아버지가 되게 하신다."⁸ 만일 성자께서 구속자이시며 성부께서 그리스도 안에서 우리의 아버지가 되심을 아는 지식이 없다면, 우리는 하나님을 제대로 알 수 없다. 그리고 칼뱅에 따르면, 그 지식을 우리에게 베풀어 주시는 일은 바로 성령 하나님의 사역이다. 이에 관해 그는 이렇게 언급한다.

[성령의 첫 번째 칭호는] 바로 "양자의 영"이다. 이는 그분이 하나님의 값 없는 자비를 우리에게 증언해 주시기 때문이다. 성부 하나님은 이 자비로써 외아들인 성자 안에서 우리를 받아들이셨으며 우리의 아버지가 되셨다. 그리고 성령은 하나님을 신뢰하는 마음으로 기도하도록 격려하신다. 실로 그분은 기도 중에 할 말까지 공급해 주시며, 그리하여 우리는 다음과 같이 담대히 부르짖는다. "아빠 아버지!"(롬 8:15; 갈 4:6)⁹

떨며 즐거워하다

자녀로서 품는 두려움

성경은 이렇게 말한다. "여호와를 경외하는 것이 지식의 근본이거늘"(잠 1:7). 그리스도를 통해 하나님을 더 깊이 알 때, 우리는 그분을 향해 더 깊고 풍성하며 감미로운 두려움을 품게 된다. 이때 우리는 창조주 하나님을 아는 지식에서 한 걸음 나아가, 그분을 우리의 구속자이자 아버지이신 분으로 아는 데 이른다. 그런데 이때 그분을 초월적인 창조주로 아는 일을 그치는 것은 아니다. 오히려 하나님이 아버지이심을 알 때, 창조주이신 그분의 두려우신 모습은 우리 눈앞에 순전히 경이로운 것으로 다가온다. 성령은 이처럼 우리의 눈을 열어 하나님을 바르게 알도록 인도하시며, 이를 통해 그분을 향한 올바른 두려움을 품게 하신다. 즉 우리가 하나님의 자녀로서 그분을 향해 깊은 사랑이 담긴 두려움을 품게 하신다.

조지 오포르^{George Offor}는 존 버니언의 『경외함의 진수』에 부친 서문에서, 하나님을 향한 올바른 기독교적 두려움이 무엇인지를 규정하는 버니언의 "거대한 구분선"을 다음과 같이 묘사한다.

> 버니언은 무한하고 거룩하신 하나님을 향한 공포와 불안(이는 그분 앞에서 모든 죄인이 혹독한 징벌을 받을 수밖에 없기 때문이다), 그리고 자비로운 아버지시며 복의 원천이 되시는 그분을 향한 사랑이 담긴 두려움 사이에 거대한 구분선을 긋는다. 하나님은 그분의 자비로 자신의 아들을 보내 주셨으며, 우리를 양자로 삼아 그분의 가족이 되게 하셨다. 그

자비를 입었기에, 우리의 영혼은 하나님을 거스르기를 두려워하게 된다. 이런 두려움은 순전히 복음적인 성격을 지닌다. 이는 만일 우리가 자신의 선한 행실에 조금이라도 의존한다면, 그분의 자녀로서 하나님을 향해 품었던 두려움은 이내 공포와 불안에 잠식되기 때문이다.[10]

그리스도인들이 품어야 할 것은 이 '복음적인' 두려움이다. 이는 우리가 성자의 사역을 통해 위대한 재판장이신 하나님 앞에서 합당한 피조물로 받아들여졌을 뿐 아니라, 하늘에 계신 아버지이신 그분의 자녀로 입양되어 그분의 사랑을 받으며 또 경배할 수 있게 되었기 때문이다.

마르틴 루터는 그리스도의 구속과 하나님의 아버지 되심을 깨달을 때, 우리가 하나님을 두려워하는 방식이 깊이 변화된다는 점을 잘 알고 있었다. 생애 초창기부터 루터는 애정이 없는 공포심을 품고서 하나님을 두려워하는 상태에 있었다. 그리고 수도사 시절에 그의 마음속에는 하나님이 의로우시며 죄를 미워한다는 지식으로 가득 차 있었다. 하지만 루터는 하나님이 어떤 분이신지 더 깊이 헤아리지 못했다. 즉 그분의 의가 어떤 성격을 지니며, 그분이 죄를 미워하는 이유는 무엇인지 깨닫지 못했다. 그는 그 결과로 자신이 처했던 상태에 관해 이렇게 언급한다. "당시에 나는 죄인을 징벌하는 의로운 하나님을 사랑하지 않았다. 오히려 하나님을 미워했으며, 마음속으로 은밀한 분노를 품고 있었다. 불경스러운 태도까지 취하지는 않았지만, 그분을 향해 심한 불평을 늘어놓곤 했다."[11] 루터는 하나님이 인자하고 긍휼이 풍성하신 아버지로서 우리를 자신에게로 가까이 이 끄신다는 것을 알지 못했기에, 그분을 결코 사랑할 수 없었다. 그러 므로 루터와 동료 수도사들은 흠모의 대상을 마리아와 여러 다른 성 인들에게로 옮겼으며, 그들을 향해 사랑을 품고 기도하곤 했다.

그러나 하나님이 인자하신 아버지로서 그분의 의를 베푸시며 자신의 복된 상태를 우리와 함께 나누신다는 점을 깨달았을 때, 그 의 태도는 변화되기 시작했다. 나중에 루터는 수도사 시절을 돌아보 면서, 당시에 자신이 하나님께 제대로 경배하지 못했다고 회고했다. 이는 하나님을 우리의 창조주와 심판자가 되시는 분으로 아는 것으 로는 "충분하지 않기" 때문이다. 오직 하나님이 자애로운 아버지이 심을 알 때에만, 우리는 그분을 제대로 알게 된다. "온 세상 사람들이 하나님의 본성과 마음, 그분의 행하심을 헤아리기 위해 주의 깊게 노 력했지만 전혀 성공을 거두지 못했다. 그러나……하나님은 그분의 가장 깊고 인자한 마음속에 담긴 것, 곧 순전하고 말로 다 표현할 수 없는 사랑을 친히 계시하고 드러내셨다."12 루터는 우리가 본성적으 로 죄인임을 지적하면서 다음과 같이 언급한다. "우리는 주 그리스 도를 통해서만 성부 하나님의 은총과 호의를 인식할 수 있다. 그분은 우리를 향한 성부 하나님의 마음을 보여주는 거울이 되시기 때문이 다. 그리스도 바깥에 있을 때, 우리는 하나님을 그저 무서운 진노 가 운데 계시는 재판장으로 바라볼 뿐이다."13

하나님은 우리가 그분께로 돌아오도록 인도하기 위해 자기 아 들을 보내셨으며, 이를 통해 지극한 사랑과 자비를 드러내셨다. 루터는 이 일이 큰 기쁨과 확신을 가져다줄 뿐 아니라, 이를 통해 우리가 하나님께 우리의 마음을 드리게 된다는 것을 깨달았다. "이는 하나님의 자애로우신 마음을 헤아릴 때, 그분이 얼마나 한없이 우리를 사랑하시는지를 느끼기 때문이다. 그때에 우리의 마음은 따뜻해지며, 깊은 감사가 심령 속에서 솟아오른다."[14] 이같이 구원을 베푸시는 하나님을 바라볼 때, 우리는 그분이 온 마음을 다해 사랑할 수 있는 분임을 알게 된다. 하나님이 친히 행하신 구속을 통해, 우리의 두려움은 죄에 속박된 자들이 느끼는 비굴한 공포와 불안으로부터 그분의 자녀로서 느끼는 전율에 찬 경이감으로 변화된다.

하나님의 자녀로서 품는 두려움의 문제를 살필 때 루터를 언급할 가치가 있다. 그 두려움을 온전히 누리기 위해서는 '오직 믿음으로 얻는 칭의'에 대한 확고한 이해가 필요하기 때문이다. 죄에 속박된 자들이 느끼는 비굴한 두려움과 하나님의 자녀로서 품는 두려움을 구분하는 일은 역사가 깊고 중요하지만, 사람들은 종종 이 두 가지 두려움을 제각기 다른 의미로 받아들인다. 그중 한 예는 토마스 아퀴나스Thomas Aquinas다. 그는 칭의를 신자들이 의로움 가운데서 개선되는 과정으로 여겼던 로마 가톨릭의 이해를 대변하는 인물이었다. 그는 칭의를 그리스도 안에서 죄인들을 의롭다고 선포하시는 하나님의 결정적인 행위로 여기는 개신교의 입장과는 다른 위치에 서 있었다. 아퀴나스는 자신의 『신학대전』Summa theologiae에서 이 두 종류의 두려움을 서로 구분하면서 각각의 것들을 다음과 같이 규정한다. "하나님을 향한 두 종류의 두려움이 존재한다. 하나는 자녀로서 품는 두려움이다. 이것은 하나님을 거스르거나 그분에게서 분리될 것을 겁내는 두려움이다. 다른 하나는 비굴한 두려움이다. 이것은 형벌을 겁내는 두려움이다."[15]

아퀴나스의 관점에 따르면, 하나님의 자녀로서 품는 두려움에는 우리의 죄 때문에 구원을 잃고 하나님에게서 분리될 수 있다는 불안감이 포함된다. 하지만 종교개혁자들은 그런 견해를 취하지 않았다. 앞서 우리는 조지 오포르가 버니언의 입장을 요약하면서 그 내용을 어떻게 표현했는지 살펴본 바 있다. "만일 우리가 자신의 선한 행실에 조금이라도 의존한다면, 그분의 자녀로서 하나님을 향해 품었던 두려움은 이내 공포와 불안에 잠식된다."[16] 아퀴나스가 언급한 '자녀로서 품는 두려움'은 구속자이신 주님이 친히 주신 말씀과도 어긋난다. 예수님은 다음과 같이 선포하셨다. "내 아버지의 뜻은 아들을 보고 믿는 자마다 영생을 얻는 이것이니 마지막 날에 내가 이를 다시 살리리라"(요 6:40; 또한 10:28-29 참조). '순전히 복음적인' 두려움을 품은 이들은 그리스도께서 이루신 구속을 충분한 것으로 여겨 늘 그 구속에 의존하며, 결코 자신의 행위에 의지하지 않는다. 이 두려움을 품은 이들은 자신의 죄가 그리스도의 의보다 더 중대하지는 않은지, 자신의 노력을 통해 그분의 의에 무언가를 덧붙여야 하는 것은 아닌지 의심하지 않는다. 그러므로 그들은 주님께 온전히 의존하면서, 그분을 향해 공포가 아닌 경이감을 품는 상태에 머문다. 실제로 그리스도께서 이루신 완전한 구속과 그분이 우리처럼 심각한 죄인들에게 베푸신 무한한 은혜를 생각할 때 그들이 품은 경이감은 더욱 깊어진다.

예수님이 품으셨던 두려움

신자들이 하나님의 자녀로서 품는 두려움을 바르게 이해하려면, 이 때 그들이 품는 것은 바로 예수님이 그분의 아들로서 품으셨던 두려움임을 알아야 한다. 누가복음은 예수님이 유년기에 "지혜와 키가 자라가"셨음을 언급한다(2:52). 그런데 성경에 따르면, 지혜의 근본은 바로 여호와를 경외하는 것이다(잠 9:10). 따라서 예수님은 지혜가 자라기 위해 그분의 마음속에 하나님을 향한 두려움이 있어야 했다. 그리고 예수님은 성령으로 기름 부음을 받은 그리스도이신데, 이사야는 그분이 이새의 뿌리에서 나올 것이라고 예언하면서 다음과 같이 언급했다.

> 그의 위에 여호와의 영
> 곧 지혜와 총명의 영이요
> 모략과 재능의 영이요
> 지식과 여호와를 경외하는 영이 강림하시리니
> 그가 여호와를 경외함으로 즐거움을 삼을 것이며(사 11:2-3).

구속주 하나님이 품으신 구원의 위대한 목적은 "그(성자)로 하여금 많은 형제 중에서 맏아들이 되게" 하시는 것이다(롬 8:29). 즉 우리로 하여금 성자가 소유하신 아들 됨의 신분을 함께 나누게 하시며, 그분과 함께 우리의 아버지가 되시는 하나님 앞에 나아가게 하시는 것이다. 이는 신자들이 아버지 하나님 앞에서 성자의 지위에 참여한다는 것만을 의미하지 않는다. 이때 우리는 성자 예수님이 그분의 아들로서 품으시는 두려움과 그에 따른 즐거움에도 동참한다. 찰스 스펄전은 우리가 하나님의 자녀로서 품는 이 두려움에 관해 다음과 같이 언급한다.

[이것은] 하나님의 아버지 되심을 향한 두려움이며, 이를 통해 우리는 그분을 공경하게 됩니다. 하나님의 은혜로 영적으로 거듭날 때, 우리는 우리가 그분과의 새로운 관계 속으로 들어갔음을 깨닫습니다. 이제 우리는 그분의 아들딸입니다. 그때 우리는 자신이 "양자의 영"을 받았으며, 하나님을 향해 "아빠 아버지"라고 부르짖을 수 있음을 압니다(롬 8:15). 그분을 향해 이같이 부르짖을 때, 우리는 다음의 말씀이 참됨을 실감할 수밖에 없습니다. "보라, 아버지께서 어떠한 사랑을 우리에게 베푸사 하나님의 자녀라 일컬음을 받게 하셨는가"(요일 3:1). 우리가 "하나님의 상속자요 그리스도와 함께한 상속자"(롬 8:17)로서 지극히 높으신 이의 자녀이며 영원하신 그분의 가족 가운데로 입양되었음을 깨달을 때, (이 자녀 됨의 영이 우리 안에서 역사함에 따라) 우리는 하늘에 계신 그 크신 아버지를 사랑하는 동시에 두려워하게 됩니다. 그분은 영원한 사랑으로 우리를 사랑하셨으며, "예수 그리스도를 죽은 자 가운데서 부활하게 하심으로 말미암아 우리를 거듭나게 하사 산 소망이 있게 하"셨습니다. 그분은 우리가 "썩지 않고 더럽지 않고 쇠하지 아니하는 유업"을 잇게 하셨습니다(벧전 1:3-4).

스펄전은 계속 말을 이어 간다.

이 순수한 두려움에는, 자신이 누군가를 향해 겁먹은 상태에 있음을 보여주는 요소가 전혀 없습니다. 예수님을 믿는 신자들은 아버지이신 하나님을 무서워하지 않습니다. 하나님은 우리가 그런 마음을 품는 것을 금하시기 때문입니다. 오히려 그분께 가까이 나아갈수록, 우리는 더욱 행복한 이들이 됩니다. 그러므로 우리의 가장 큰 바람은 하나님과 함께 영원히 거하면서, 그분께 깊이 몰입하는 것입니다. 이와 동시에, 우리는 그분이 우리로 인해 근심하시는 일이 없기를 기도하게 됩니다. 즉 우리가 그분에게서 돌아서지 않도록 지켜 주시기를 구하는 것입니다. 우리는 하나님이 우리의 불완전함에 대해 인자하게 긍휼을 베풀어 주시기를 청하며, 그분의 존귀하신 아들의 이름으로 우리를 용서하시고 은혜를 베풀어 주시기를 간구합니다. 그리고 하늘에 계신 아버지이신 그분과 우리의 관계를 헤아릴 때, 우리는 사랑받는 자녀로서 거룩한 경외심과 공경하는 마음을 품게 됩니다. 하나님은 사랑이 많고 인자하며 풍성한 긍휼을 베푸시는 아버지이시지만, 동시에 하늘에 계신 존귀한 아버지이시기 때문입니다. 그분은 "거룩한 자의 모임 가운데에서 매우 무서워할 이"시며, "둘러 있는 모든 자 위에 더욱 두려워할 이"십니다(시 89:7).[17]

자녀로서 품는 이러한 두려움은 성자께서 성부 하나님을 향해 품으시는 즐거움에 찬 공경심의 일부분이다. 그 두려움은 그분이 자신의

떨며 즐거워하다

아버지를 향해 드러내시는 경이감의 극치다. 그 감정은 죄인이 거룩한 재판장이신 하나님 앞에서 품는 공포심과는 다르며, 피조물이 위대한 창조주이신 그분 앞에서 품는 경외심과도 같지 않다. 그것은 아버지 하나님의 인자하심과 의로우심, 그분의 영광과 완전한 위엄 앞에서 그분의 자녀들이 경이감에 압도되어 드러내는 헌신의 마음이다.

이 두려움이 하나님을 겁내는 일과 전혀 다른 이유가 여기에 있다. 그리고 아퀴나스가 '자녀로서 품는 두려움'을 "우리가 하나님을 거스르거나 그분에게서 분리될 것을 겁내는 두려움"으로 규정한 것이 적절하지 않은 이유도 이 때문이다. 이는 성자께서 성부 하나님의 은혜로운 임재로부터 분리되는 일을 두려워하실 필요가 없었듯이(그분이 우리를 대신해 십자가에 달리셨을 때를 제외하고 그러했다), 하나님의 자녀로 입양된 우리도 그런 식의 두려움을 품을 이유가 없기 때문이다. 만약 신자의 마음속에 하나님과 분리되는 일에 대한 두려움이 존재한다면, 그것은 자신이 그분에게서 궁극적으로 떨어져 나오게 되리라는 공포심이 아니다. 그것은 다만 우리의 죄 때문에, 우리와 하나님 사이의 따스하고 즐거운 교제가 일시적으로 단절될지도 모른다는 염려다. 더 긍정적으로 표현하자면, 그것은 하나님의 성품을 깊이 헤아리는 동시에 죄를 미워하고 그리스도를 더욱 닮기를 갈망하게 하는 두려움이다. 이에 관해 스펄전이 한 말을 들어 보자.

만일 어떤 자녀가 아버지와 함께 있을 때에만 조심스럽게 행실을 삼가고, 아버지가 곁에 없을 때에는 제멋대로 방종한 삶을 살아간다면 그것은 큰 잘못입니다(지금은 많은 이들이 그렇게 행하는 듯해서 염려가 됩니다). 하지만 저와 여러분은 이런 위험에 빠질 필요가 없습니다. 이는 우리가 언제 어디서나 하늘 아버지이신 하나님의 임재 가운데 있기 때문입니다. 하나님을 바르게 두려워하는 이들이라면 언제 어디서든 그릇된 일, 곧 그분의 뜻을 거스르는 일을 행하기를 원하지 않을 것입니다.……우리에게 하나님의 임재를 느끼는 감각과 '그분이 나를 살피신다는 사실'을 고백하는 양심이 있을 때, 우리의 영혼 속에서는 건강한 두려움이 자라납니다. 그리고 그 두려움은 우리를 위축시키기보다 새로운 힘을 불어넣어 줍니다. 그것은 우리가 하나님의 자녀로서 품는 순전한 두려움입니다. 그러므로 우리는 지극히 공경하는 그분 앞에서, 그분의 마음과 뜻에 어긋나는 일들을 행하지 않도록 애쓰게 됩니다. 그러므로 우리가 하나님의 성품을 깊이 헤아릴 때 생기는 두려움이 있으며, 그분의 임재를 느낄 때 생기는 동일한 종류의 또 다른 두려움이 있습니다.……이처럼 거룩한 두려움은 하나님 아버지의 마음을 상하게 할 수 있는 모든 일을 삼가도록 우리를 이끕니다.[18]

이 점을 달리 표현하면, 성자께서 우리와 공유하시는 '자녀로서의 두려움'은 하나님과 그분의 징벌을 무서워하는 죄인들의 공포심과는 전혀 다르다. 오히려 이 두려움은 하나님을 공경하는 마음이며, 죄에 대한 형벌뿐만 아니라 죄 자체를 두려워하여 삼가려는 마음이다. 이는 신자들이 이제 하나님을 소중하게 여기며, 모든 사악한 일들을 미워하게 되었기 때문이다. 이에 관해 칼뱅은 다음과 같이 언급한다. "경건한 이들은……죄짓는 일을 삼가는데, 이는 그저 자신이 받게 될 징벌을 겁내기 때문이 아니다. 오히려 하나님을 자신의 아버지로 여겨 사랑하고 공경하며, 주님이신 그분께 예배하며 찬미하게 되었기 때문이다. 그러므로 설령 지옥이 존재하지 않을지라도, 그들은 하나님의 마음을 상하게 할 수 있다는 생각만으로도 깊은 몸서리를 칠 것이다."[19]

구속주 하나님을 아는 지식이 중요한 이유

하나님을 바르게 아는 일은 그분을 향해 올바른 두려움을 품는 일과 서로 뗄 수 없이 연관된다. 그러므로 하나님이 자비로운 구속주이시며 우리를 긍휼히 여기시는 아버지이심을 알지 못하는 이들은 그분의 자녀로서 진정한 두려움을 품을 때 얻는 즐거움을 누릴 수 없다. 그들은 기껏해야 창조주이신 그분의 초월적인 위대함 앞에서 전율할 뿐이다. 그리고 최악의 경우, 그들은 의로우신 하늘의 재판장이 계신다는 생각에 몸서리를 치면서 마음속으로 그분을 증오한다.

이와 달리, 어떤 이들은 하나님의 거룩하심이 그저 그분의 의로우심 가운데서 우리 죄인들과 분리되거나 창조주로서 우리 피조물들과 구분되시는 속성에 그치지 않음을 안다. 그들은 하나님의 거룩하심이 또한 그분의 절대적이며 비할 데 없는 은혜와 자비, 인자하심과도 동일한 성격을 지닌다는 점을 헤아린다. 그러므로 그들은 하나님의 거룩하심이 지닌 온전한 아름다움을 깨닫는다. 그들은 그분의 지극한 영광을 바라보며, 그 영광의 참된 의미를 파악한다. 그들은 하나님이 의로우시며, 또한 그분을 믿는 이들을 의롭게 하신다는 말씀의 의미를 더 깊이 깨닫는다(롬 3:26). 그들은 조나단 에드워즈의 말과 같이, 하나님의 거룩하심이 실제로는 "그분의 사랑으로 이루어져" 있다는 사실을 헤아린다.[20] 그들은 십자가의 영광과 인자하신 구주의 영광, 그리고 전능하면서도 겸손하신 하나님이 드러내신 영광을 바라본다. 하나님은 자신을 그들의 아버지로 지칭하기를 주저하지 않으셨다. 그들은 자비하신 구속주 하나님 앞에서 깊은 경이감을 품는다. 이는 마가복음에서 예수님 앞에 나아갔던 이들이 그분이 행하신 모든 일을 체험하면서 마치 화산 폭발을 목격했을 때처럼 깊은 충격을 받았던 것과 같다(막 5:20; 7:37; 9:15).

위의 모든 논의는 우리가 하나님을 흔히 어떤 분으로 지칭하는지를 주의 깊게 살펴야 한다는 사실을 함축한다(이는 말씀을 전하며 가르치는 이들의 경우에 특히 그러하다). 우리는 그분의 속성을 언급할 때 어떤 쪽으로 치우치면서, 하나님이 자신에 관해 계시하신 일부 내용을 무시하지는 않는가? 아타나시우스가 지적했듯이, 혹시 우리에게는 "그분이 행하신 일들에만 근거해서" 하나님에 관해 언급하거나 그분의 이름을 지칭하는 경향이 있지는 않은가? 우리는 좀 더 적절하게, "성자의 존재를 통해 하나님의 어떠하심을 분별하고서 그분을 '성부'로 부르는" 태도를 취하는가? 이런 질문은 단순히 우리가 하나님을 언급할 때 어떤 단어를 선택하는지에 관한 것이 아니다. 오히려 우리가 선포하는 복음의 실제 모습은 우리가 하나님을 본질적으로 어떤 분으로 생각하는지를 가장 명확하게 드러낸다.

하나님을 창조주이자 통치자 또는 왕으로만 묘사하면서 복음을 제시하는 이들을 생각해 보자. 이때 우리의 죄는 그저 그분이 세우신 규율을 깨뜨리는 것이며, 구속은 단순히 우리를 그분의 통치권 아래로 되돌아오게 하는 일이 된다. 이 같은 형태로 복음을 제시한다면 자녀로서의 두려움과 경이감을 심어 줄 수 없다. 이는 하나님의 아버지 되심이나 우리가 성자 안에서 그분의 자녀로 입양되었다는 점을 언급하지 않기 때문이다. 그런 복음은 사람들에게 그저 창조주를 향한 두려움만을 남겨 줄 뿐이다.

우리가 오직 그리스도 중심적인 태도를 취할 때, 곧 성자를 통해 하나님의 어떠하심을 "분별하고서" 그분을 우리의 '아버지'로 부를 때 더욱 풍성하고 참된 복음의 메시지를 전하게 된다. 그때에 비로소 우리의 죄는 외적인 불순종보다 더 깊은 차원의 문제라는 것, 곧 죄는 관계적인 문제로서 우리 마음이 잘못된 길로 가 그릇된 대상을 사랑하는 일과 연관된다는 것을 올바로 이해한다. 그때 우리는 하나님 아버지께서 자기 외아들을 이 땅에 보내셔서 그로 하여금 많은 형제들 가운데서 맏아들이 되게 하셨다는 것, 또한 자신의 아들 됨을 우리와 함께 나누시며 우리가 하나님의 가족에 속한 자녀들이 되게 하셨다는 것을 선포한다. 이같이 그리스도 중심적인 복음만이 예수님이 품으셨던 두려움을 사람들과 함께 나누도록 인도한다.

이러한 특징은 하나님을 향한 두려움을 다룰 때 가장 예리하게 드러난다. 기독교 교사들이 성경에서 이 주제가 지닌 중요성을 헤아리면서도 하나님을 향한 올바른 두려움은 그저 창조주이신 그분에 관한 두려움일 뿐이라고 오해할 때, 실제로 신자들은 하나님의 자녀로서 품는 두려움을 잃어버릴 수 있다. 우리는 창조주 하나님의 위엄을 사람들에게 선포하면서도(이것은 분명 옳은 일이다), 복음의 내용과 자비로운 구주이신 그분의 모습을 전달하는 일에는 실패하기 쉽다. 이러한 불완전한 가르침에는 우리를 구원하시는 하나님의 긍휼이 담겨 있지 않으며, 따라서 그 선포는 위협적이고 무정하며 분노에 찬 듯한 인상을 준다. 이때 하나님이 위대하신 분으로 보일 수는 있지만, 선하신 분으로 다가오지는 않는다.

칼뱅은 하나님을 아는 지식에는 두 단계가 있다고 주장했다. 그것은 그분을 놀라우신 창조주로 아는 지식과 그리스도 안에서 자비로운 구속주로 아는 지식이다. 하나님을 바르게 두려워하기 위해서는 이 두 단계의 지식을 모두 습득할 필요가 있으며, 이때 첫 단계에서 다음 단계로 반드시 나아가야 한다. 이는 하나님을 아버지로 아는 이들은 전능하신 창조주이며 의로운 재판장이 되시는 그분의 성품을 더 깊이 향유하며 두려워할 수 있는 반면에, 하나님을 오직 창조주 또는 재판장으로 아는 이들은 그분이 베푸시는 구속의 사랑을 결코 누릴 수 없기 때문이다. 하나님을 창조주로만 알고 있는 이들은 그분을 창조주로나 구속주로 바르게 두려워할 수 없다. 오직 자녀로서의 두려움을 품고 있는 이들만이 창조주이신 그분에 관해서도 올바른 두려움을 누리게 된다.

찰스 스펄전이 하늘 아버지이신 하나님을 향해 품었던 자녀로서의 두려움이 어떻게 창조주이신 그분의 위대하심 앞에서 품었던 경이감을 더 풍성하게 했는지 살펴보자. 영적으로 거듭나지 못했던 청년 루터가 한여름의 폭풍우와 번개 앞에서 공포에 사로잡혀 비명을 질렀던 것과는 달리, 스펄전은 이렇게 언급한다. "나는 번개를 사랑한다. 하나님이 내리치시는 천둥을 보는 일은 나의 즐거움이다."

> 사람들은 천성적으로 하늘을 두려워한다. 미신적인 이들은 하늘에 나타나는 징표들을 겁내고, 가장 담대한 이들도 창공에 번갯불이 번쩍이며 천둥소리가 온 하늘에 울려 퍼질 때면 가끔씩 깊은 두려움에 떤다. 하지만 천둥이 온 대지를 뒤흔들고 하늘로부터 번개가 화살처럼 번뜩일 때, 나는 집 안에만 머무르는 것을 늘 답답하게 여겼다. 오히려 그때마다 집 바깥의 넓은 공터를 산책하면서, 눈을 들어 하늘의 열린 문을 바라보기를 즐겼다. 번갯불은 그 문 너머 아득히 먼 곳까지 비추었으며, 그 덕분에 평소에는 보이지 않던 영역을 들여다볼 수 있었다. 나는 그 천둥소리 가운데서 내가 섬기는 하늘 아버지의 음성을 듣기를 좋아했다.[21]

스펄전이 하나님의 초월성과 창조적인 능력을 맛보면서 전율에 찬 즐거움을 누릴 수 있었던 이유는, 바로 그분이 의로우신 창조주일 뿐 아니라 자신의 인자한 아버지가 되심을 알았기 때문이다. 창조 세계의 경이로움을 가장 잘 누리는 사람은 자신이 하나님의 자녀임을 자각하는 이들이다. 하늘의 번개와 높은 산, 수많은 별들과 거친 바다를 위대하면서도 인자하신 아버지의 작품으로 바라보는 이들에게, 그것들은 더욱 놀라운 모습으로 다가온다.

6장

이 두려움을 키워 가는 방법

이 장의 제목은 마치 독자들의 시선을 끌기 위한 자기 계발서의 제목처럼 보일 수도 있다. 물론 이 장에서 다루는 내용은 하나님을 향한 두려움을 키워 가는 방법에 관한 것이지만, 그 두려움은 우리가 손쉬운 '다섯 가지 단계'를 거쳐 확보할 수 있는 마음 상태가 아니다. 성경에 따르면, 주님을 두려워하는 것이 곧 지혜다(욥 28:28). 그런데 그 지혜는 어디에서 발견할 수 있을까?

순금으로도 바꿀 수 없고
은을 달아도 그 값을 당하지 못하리니
오빌의 금이나 귀한 청옥수나 남보석으로도
그 값을 당하지 못하겠고

황금이나 수정이라도 비교할 수 없고

정금 장식품으로도 바꿀 수 없으며

진주와 벽옥으로도 비길 수 없나니

지혜의 값은 산호보다 귀하구나.

구스의 황옥으로도 비교할 수 없고

순금으로도 그 값을 헤아리지 못하리라.

그런즉 지혜는 어디서 오며

명철이 머무는 곳은 어디인고.

모든 생물의 눈에 숨겨졌고

공중의 새에게 가려졌으며

멸망과 사망도 이르기를

우리가 귀로 그 소문은 들었다 하느니라.

하나님이 그 길을 아시며

있는 곳을 아시나니(욥 28:15-23).

하나님을 향한 올바른 두려움은 고귀한 선물이며, 그저 쉽게 습득할 수 있는 것은 아니다. 그리고 '~하는 방법'how to이라는 표현을 쓰는 일의 위험성은 이때 우리가 시선을 '두려움' 그 자체이신 분(이에 관해서는 63쪽을 보라)에게서 돌려, 우리 자신과 우리의 행동에 관심의 초점을 맞춘다는 것이다. 그럼으로써 우리는 그분의 자녀로서 순전한 두려움을 품을 수 있는 가능성을 전부 잃는다. 우리는 외적인 요소, 곧 우리가 따르는 행동의 단계나 고수하는 습관에 마음을 쏟기가 쉽다. 우리는 자신의 외적인 행실을 살피면서, 경건한 습관이나 겉으로 드러나는 공손한 태도가 하나님을 향한 두려움과 동일한 성격을 지닌다고 여길 수 있다. 그러나 실제로 우리는 그 두려움을 가짜로 꾸며 낼 뿐 그 핵심적인 실체를 붙잡지는 못한다. C. S. 루이스는 이같이 외적인 선한 행실이 중요하기는 하지만, 삶의 궁극적인 목표로서는 그릇될 수밖에 없음을 언급한 적이 있다.

옳습니다. 기독교는 여러분에게 유익을 줍니다. 여러분이 이제껏 바라거나 기대했던 것보다도 훨씬 더 많은 유익을 줄 것입니다. 그리고 기독교가 여러분에게 주는 첫 번째 유익은 다음과 같은 사실을 여러분의 머릿속에 명확히 심어 주는 일일 것입니다(아마도 여러분은 그 일을 기꺼워하지 않겠지만요!). 그것은 바로 여러분이 지금까지 '선하다'고 불러 왔던 일들, 곧 '고상한 삶을 사는 것'이나 '친절한 행위' 등이 여러분의 생각처럼 그렇게 탁월하고 중요한 일들이 아니라는 사실입니다. 기독교는 우리의 도덕적 노력에 근거해서는 (단 하루 동안도) '선한' 사람이 될 수 없음을 가르칩니다. 그런 다음에, 우리가 설령 그렇게 '선한' 사람이 된다 해도 여전히 사람이 지음받은 목적을 이루지는 못한 채로 머문다는 점을 가르쳐 줄 것입니다. 이는 단순한 도덕성이 우리 삶의 목표가 될 수 없기 때문입니다. 우리 인간은 그것과는 전혀 다른 무언가를 위해 지음을 받았습니다.……물론 도덕성은 꼭 필요합니다. 하지

떨며 즐거워하다

만 신적인 생명, 우리에게 자신을 내주시며 우리를 신들이 되도록 부르시는 그 생명은 우리가 그것을 넘어서는 존재가 되기를 의도하시며, 도덕성은 그 상태 안에 온전히 삼켜질 것입니다. 우리는 그분의 뜻 안에서 재창조되어야 합니다.[1]

하나님을 향한 두려움은 우리가 그리스도 안에서 얻은 새 생명의 핵심적인 특징이며 "경건의 정수"다.[2] 그러므로 그것은 어떤 행실들의 총합이 될 수 없으며, 단순한 노력을 통해 습득할 수 있는 것도 아니다. 그렇지 않다면, 그 두려움은 그저 피상적이며 가치가 별로 없는 일이 되었을 것이다. 그러나 하나님을 향한 두려움은 어떤 특정한 행습의 결과로 생기는 것이 아니라, 성령으로 새롭게 된 우리 마음의 더 깊은 성향에 속한 문제다. 그리고 그 두려움은 진정한 기독교적 행실을 불러일으키는 원인이 된다.

마음의 문제

종교개혁자들은 우리가 하나님을 향한 두려움을 외적이고 공허하며 형식적인 일로 쉽게 착각할 수 있다는 점에 깊은 우려를 품었다. 마르틴 루터는 이와 같이 언급한다. "하나님을 두려워하는 일은 그저 기도할 때 무릎을 꿇는 일을 가리키지 않는다. 이는 불경건한 자와 도둑까지도 그렇게 할 수 있기 때문이다. 이와 마찬가지로, 어떤 수도사가 자신의 의복과 규율을 신뢰할 때, 그는 우상숭배를 행하게 된다."[3] 그리고 장 칼뱅은 이렇게 덧붙인다. "어떤 곳에서 거행되는 예식에서 심한 겉치레가 존재할 때, 그곳에서 마음의 진실성을 찾기란 매우 어렵다."[4] 이제 우리는 이런 지적을 진지하게 숙고해야 한다. 예를 들어, 우리는 하나님을 향한 순전한 두려움이 결핍된 것처럼 보이는 교회의 예배들을 비판하기 쉽다(그리고 그 비판이 옳은 경우가 많다). 하지만 그런 다음에는, 하나의 해결책으로서 그저 참된 두려움을 흉내 내는 일종의 외적인 행위들을 요구하는 규칙을 제시하곤 한다.

하지만 성경은 하나님을 향한 두려움을 주로 우리 마음의 내적인 경향성에 속한 문제로 제시한다. 즉 그 두려움은 그리스도인이 품어야 할 올바른 갈망의 형태와 범위를 나타낸다. 그러므로 시편 112:1은 이렇게 송축한다.

할렐루야, 여호와를 경외하며
그의 계명을 크게 즐거워하는 자는 복이 있도다.

주님을 두려워하는 이들은 그저 그분의 계명을 억지로 지키려고 애쓰는 이들이 아니다. 오히려 하나님을 진정으로 두려워하는 이들은 그 계명 가운데서 큰 즐거움을 누린다!

토머스 보스턴Thomas Boston은 '항상 두려워하는 자들의 복'이라는 탁월한 제목으로 잠언 28:14에 관해 말씀을 전하면서, 두려움이 내적인 갈망 곧 우리의 사랑과 미움에 관련된 문제임을 다음과 같이 요약했다.

떨며 즐거워하다

노예적인 두려움을 품은 이들은 그저 지옥과 형벌만을 겁내지만, 자녀로서의 두려움을 품은 이들은 죄 짓는 일 자체를 두려워합니다.……전자의 두려움은 하나님을 향한 미움과 뒤섞여 있지만, 후자의 두려움에는 그분을 향한 사랑이 담겨 있습니다. 전자의 사람들은 하나님을 복수심에 찬 재판장으로 여기지만, 후자의 사람들은 그분이 자신의 거룩한 아버지이심을 압니다. 이제 그들의 마음은 그분의 거룩하심과 조화를 이루며, 그들의 영혼은 그 거룩하심을 닮아 가기를 갈망합니다.⁵

이 점을 달리 표현하면, 모든 두려움은 외적인 행동보다 더 깊은 내적인 수준에 자리한다. 그것은 우리의 행동을 이끌어 가는 마음의 본성 자체에 깃들어 있다. 따라서 죄악된 두려움은 그저 죄악된 행동에 관한 문제가 아니다. 그 두려움을 품은 이들은 하나님을 미워한다. 그들은 그분을 복수심에 찬 재판장으로 여기고 경멸하며, 따라서 죄악된 행동을 범한다. 이와 달리, 올바른 두려움을 품은 이들은 하나님을 사랑한다. 그들은 그분이 거룩한 아버지이심을 알고 소중히 받들며, 자신도 그분을 닮은 존재가 되려는 진실한 갈망을 품는다. 존 오웬은 주님을 향한 두려움에 관해 이와 유사한 방식으로 언급한다. 그에 따르면, 그 두려움은 그 무엇보다도 주님을 사랑하며 그분 안에서 기뻐하도록 이끄는 마음의 내적 경향성이다. "주님을 두려워하되 그분이 선하시기 때문에 그 두려움을 품는 것, 주님의 신실하신 능력을 신뢰하며 그 권위에 순복하고 그분의 뜻과 은혜를 기뻐하는 것, 주님의 아름답고 탁월한 속성들을 바라보면서 그분을 그 무엇보다

도 사랑하는 것, 바로 이것이 그분을 영화롭게 한다."⁶

그러므로 하나님을 향한 두려움은 성경이 언급하는 하나의 명확한 주제로서, 신학적으로 탁월한 안내자의 역할을 한다. 이 개념은 우리가 열정 없는 의무의 수행이나 추상적인 진리들에 대한 비인격적인 지식을 위해 지음받았다는 생각을 피하도록 해준다. 그 두려움은 우리가 하나님을 알도록 지음받았으며, 이때 우리 마음은 그분의 아름다움과 광휘 앞에서 깊이 전율하게 된다는 것을 다시금 인정하게 만든다. 이를 통해 우리는 가장 깊은 수준에서 새롭게 빚어진다. 그 두려움은 우리가 그리스도의 생명 안으로 들어갈 때, 우리의 감정들이 변화되는 일 역시 이루어짐을 보여준다. 그리하여 우리는 예전에 소중히 여겼던 죄들을 버리고 멸시하며, 이전에 깊이 혐오했던 하나님을 존귀한 분으로 받들게 된다.

하나님의 자녀들이 지닌 올바른 두려움이 노래를 통해 적절히 표현될 수 있는 이유가 바로 여기에 있다. 시편 47편에서 고라의 자손들은 이렇게 선포한다.

> 너희 만민들아, 손바닥을 치고
> 즐거운 소리로 하나님께 외칠지어다.
> 지존하신 여호와는 두려우시고
> 온 땅에 큰 왕이 되심이로다(1-2절; 또한 시 96:1-4 참조).

출애굽기 15장에서 모세와 이스라엘 백성은 여호와께서 행하신 구원을 바라보면서 기쁨에 압도되어 이렇게 노래한다.

> 여호와여, 신 중에 주와 같은 자가 누구니이까.
> 주와 같이 거룩함으로 영광스러우며
> 찬송할 만한 위엄이 있으며
> 기이한 일을 행하는 자가 누구니이까(11절).

루터에 따르면, 마리아는 그녀의 송가에서 "하나님을 향한 두려움을 감미롭게 노래하면서 그분의 놀라운 속성을 찬미했다."7 실제로 기독교가 모든 종교 가운데 가장 많은 찬송을 소유한 이유는 그 속에 하나님을 향한 두려움이 담겨 있기 때문이다. 이 때문에 그리스도인들은 함께 모여 예배할 때나 인터넷에서 음악을 들을 때 늘 자신들의 신앙을 노래로 전달한다. 그들은 본능적으로 자신들이 행하는 찬미의 고백 뒤에 있는 감정을 노래로 표현하며, 이를 통해 그 감정을 더욱 북돋우려 한다. 이는 자신들의 단조로운 말로는 하나님께 경배하는 마음을 제대로 담아낼 수 없음을 알기 때문이다. 하나님이 우리를 보시면서 기뻐하고 즐거워하며 큰 소리로 노래하시는 것을 알 때(습 3:17), 우리 역시 진심이 담긴 노래로 그분을 향한 기쁨과 즐거움을 드러낸다.

마음은 어떻게 변화되는가

하나님을 향한 두려움은 마음의 가장 깊은 경향성과 관련된 문제이므로, 그 두려움을 키워 가는 방법에 관한 생각은 마음이 움직이는 방식에 관한 우리의 생각에 달려 있다. 루터에 따르면, 종교개혁 당시에 "진정한 이슈, 곧 핵심적인 논쟁거리"가 되었던 것은 바로 그 문제였다.[8]

종교개혁의 초창기에 루터는 아리스토텔레스의 윤리학을 논쟁의 초점으로 삼았다. 이는 토마스 아퀴나스가 로마 가톨릭 신학에서 결정적인 중요성을 지니도록 한 윤리학의 입장이었다. 아리스토텔레스는 다음과 같이 주장했다. "우리는 의로운 일들을 행함으로 의롭게 된다"(또는 "정의로운 일들을 행함으로 정의롭게 된다").[9] 이것은 곧 '스스로 노력하라', '실제로 현실이 될 때까지 그렇게 행동하라'는 식의 메시지였다. 이 점을 달리 표현하면, 우리가 외적으로 의로운 일들을 행하려고 애쓰면서 그 노력을 지속할 때 실제로 의로운 사람들이 된다는 것이다. 따라서 아퀴나스는 덕스러운 습관을 계발하는 것을 신자들이 거룩함 가운데서 자라는 일의 핵심 열쇠로 보았다.

그러나 수도사였던 루터의 경험은 그런 생각이 그릇됨을 입증했다. 루터는 여러 해 동안 "의로운 일들을 행함으로 의롭게 된다"는 격언에 의존해서 살았다. 하지만 외적으로 온갖 의로운 일들을 수행했음에도 자신의 마음이 올바르게 되거나 주님을 향한 사랑으로 가득 차지는 않는다는 점을 발견했다. 사실은 그와 정반대였다. 자신의 노력으로 내적인 문제들을 해결하고 의로운 사람이 되려고 애쓰는 동안에, 그는 하나님을 향해 죄악된 두려움과 증오심을 점점 더 깊이 품게 되었다. 루터는 의로운 듯한 겉모습을 드러낼 수 있었지만, 그것은 자신에게 의존하며 스스로를 경배하고 의롭게 여기는 태도에서 나오는 공허한 속임수에 불과했다. 그리하여 루터는 죄가 우리 마음속에 얼마나 깊이 자리 잡고 있는지를 아퀴나스가 헤아리지 못했음을 깨닫게 되었다. 죄는 우리 자신이 닿을 수 있는 것보다 더 깊은 곳에 도사리고 있었다. 그 문제는 단순히 덕스러운 습관을 계발하고 자신의 행동을 바로잡음으로 해결할 수는 없었다. 따라서 루터는 1517년에 다음과 같이 주장했다. "우리는 의로운 일들을 행함으로 의롭게 되는 것이 아니다. 오히려 의롭게 됨을 입었기에 의로운 일들을 행한다."[10]

루터가 파악했듯이, 우리의 죄는 그저 우리 자신의 행동과 습관에 관한 문제가 아니다. 우리의 행동은 그저 우리 마음속에 있는 더 깊은 수준의 경향성을 바깥으로 드러낼 뿐이다. 즉 우리가 마음속으로 하나님을 사랑하는지 아니면 그분을 미워하는지 보여줄 뿐이다. 우리는 본성적으로 죄를 범하는데, 이는 우리가 "우리 육체의 욕심을 따라 지내"는 상태에 있기 때문이다(엡 2:3). 우리가 죄를 선택하는 이유는 우리가 그것을 원하기 때문이다. 우리는 본성적으로 어둠을 사랑한다(요 3:19). "오직 각 사람이 시험을 받는 것은 자기 욕심에 끌려 미혹됨이니 욕심이 잉태한즉 죄를 낳고 죄가 장성한즉 사망을 낳느니라"(약 1:14-15).

루터에 따르면, 그저 우리의 습관을 바꾸는 것만으로는 이같이 깊고 죄악된 마음의 경향성을 해결할 수 없다. 오히려 우리에게는 근본적인 갱신, 곧 단순한 자기 개선이 아닌 마음의 심오한 변화가 요구된다. 이를 통해 우리가 이전과는 다른 방식으로 원하고 사랑하며 갈망해야 한다. 우리에게는 하나님을 기꺼이 사랑하며 그분을 기뻐하는 마음이 필요하다(겔 36:26-27; 막 7:14-23; 요 3:3). 루터는 이렇게 질문한다. "어떤 사람이 내키지 않는 마음으로 마지못해 무언가를 행한다면, 그 일이 어떻게 하나님을 기쁘시게 할 수 있겠는가?" 이에 그는 이렇게 답한다.

> 그러나 우리가 율법을 이루기 위해서는 사랑과 기쁨을 품고서 그 일들을 행해야 한다.……우리 마음속에 이 율법을 향한 사랑과 기쁨을 심어 주시는 분은 바로 성령이다.……그런데 우리 안에 성령이 임하시는 것은 오직 예수 그리스도를 믿는 믿음 안에서 이루어진다.……나아가, 그 믿음은 오직 그리스도에 관해 전파하는 하나님의 말씀 또는 복음을 통해 우리 마음속에 생겨난다.[11]

이는 성령만이 우리에게 요구되는 근본적인 기질의 변화를 일으키실 수 있음을 의미한다. 그리고 그분은 그리스도에 관해 선포하는 복음을 통해 이 일을 행하신다. 그리스도를 선포하는 복음의 메시지만이 우리의 마음을 변화시켜 진실로 의를 갈망하며 하나님의 자녀로서 사랑과 전율이 담긴 공경의 마음을 품고서 그분을 두려워하도록

떨며 즐거워하다

이끌 수 있다. 성령은 우리가 영적으로 거듭날 때만 단 한 번 그 일을 행하시고, 그 뒤로는 순전한 자기 노력을 통해 성화를 이루도록 내버려 두지 않으신다. 오히려 우리 마음속에서 가장 깊은 변화를 이끌어 내는 것은 늘 그 복음이어야 한다. 존 오웬에 따르면, "거룩함은 오직 복음이 우리의 영혼 가운데 심기고 기록되며 그 안에서 실현되는 일을 의미한다."[12] 그러므로 루터는 거룩함 가운데서 자라기를 갈망하는 신자들에게 무엇보다 다음과 같이 조언한다.

> 여러분의 심령 가운데서 그리스도를 닮은 모습이 드러나게 하는 방법은 다음과 같습니다.……우리의 믿음은 그리스도께서 흘리신 피와 그분의 상처, 그분의 죽으심으로부터 생겨나서 자라 가야 합니다. 하나님이 이같이 자비를 베푸셔서 자기 아들까지 보내셨음을 깨달을 때, 여러분은 그에 대한 응답으로 하나님께 마음을 드리고 그분을 점점 더 깊이 사랑할 것입니다.[13]

이같이 우리가 하나님께 자신의 마음을 드렸을 때, 우리는 비로소 그분의 뜻에 합당한 방식대로 행하기를 원할 것이다.

오늘날, 습관의 중요성을 강조하는 토마스 아퀴나스의 입장은 과거에 누렸던 인기를 어느 정도 회복하고 있다. 따라서 우리는 습관을 통해 이룰 수 있는 일은 무엇이며, 이룰 수 없는 일은 무엇인지를 분명히 밝힐 필요가 있다. 습관 자체에는 우리의 가장 깊은 성향과 갈망을 변화시키는 능력이 없다. 루터가 파악했듯이, 심오한 갱신은 우리 내면에서 시작되어 외부로 진행된다. 즉 마음의 변화가 행동의 변화를 가져온다. 그 일은 외부에서 시작되어 우리의 내면으로 진행되는 방식, 곧 행동의 변화가 마음의 변화를 불러오는 방식으로는 이루어질 수 없다. 하지만 어떤 이들은 이렇게 이의를 제기할 것이다. "그렇다면 은혜의 방편들은 무슨 의미가 있는가? 주일 예배나 매일 갖는 경건의 시간은? 이런 일들은 우리가 계발해야 할 덕스러운 습관에 속하지 않는가?" 이런 질문에 대해서는, 그 일들이 아퀴나스가 의도했던 방식으로 의미를 지니는 것은 아니라고 답할 수 있다. 주일마다 교회에 가는 습관 자체가 필연적으로 우리 마음속에 하나님을 향한 올바른 두려움을 심어 주지는 않으며, 성경 읽기나 기도 등의 일도 마찬가지다. 우리는 이런 습관을 마치 스위스산 시계처럼 정확히 지키면서도, 여전히 하나님을 향한 참된 두려움이 전혀 없는 상태에 머물 수 있다. 이 일들은 사효적인 방식^{ex opere operato}(어떤 행위나 예식 자체의 효력에 근거해서 은혜가 전달된다는 관점—옮긴이)으로 은혜를 전달해 주지 않는다. 오히려 그 일들은 은혜의 방편일 뿐이다. 그 일들은 우리와 복음 사이를 연결하는 일종의 접촉점이며, 우리를 변화시키는 능력을 지닌 것은 오직 복음뿐이다. 다시 말해, 우리에게 유익을 주는 것은 그저 교회에 가는 행위 그 자체가 아니다. 오히려 우리는 그곳에서 듣는 복음을 통해 유익을 얻는다. 우리를 변화시키는 것은 그런 습관 자체가 아니라 그것들을 통해 접하는 그리스도의 복음이다.

이것이 모세가 하나님의 말씀을 우리가 그분을 향한 참된 두려

떨며 즐거워하다

움을 키워 가기 위한 방편으로 언급하는 이유다.

> 이는 곧 너희의 하나님 여호와께서 너희에게 가르치라고 명하신 명령과 규례와 법도라. 너희가 건너가서 차지할 땅에서 행할 것이니 곧 너와 네 아들과 네 손자들이 평생에 네 하나님 여호와를 경외하며(신 6:1-2; 또한 17:18-19; 31:10-13 참조).

앞서 보았듯이, 시편 19편은 하나님의 말씀을 나타내는 여러 명칭을 열거하는 가운데 그것을 "여호와를 경외하는 도"(9절)로 지칭한다. 이는 그 말씀이 "경외하는 이"의 영광을 온전히 드러내기 때문이다. 이 하나님의 말씀을 통해, 한때 그분을 혐오하며 몸서리쳤던 우리의 마음은 그분을 향해 전율에 찬 경이감을 느끼도록 변화된다.

"거기 너 있었는가?……그 일로 나는 떨려"

모든 성경은 우리가 주님의 자녀로서 그분을 향한 두려움 가운데서 자라 가는 데 유익을 준다. 우리는 성경에서 우리의 구원을 계획하신 하나님의 지혜와 자기 백성을 향한 한결같은 선하심, 그리고 그분의 거룩하심과 위대하심과 인자하심을 본다. 이 모든 일은 우리가 그분을 더 깊이 알고 두려워하도록 이끈다. 하나님의 모든 속성은 경이로우며, 그분이 행하시는 모든 일은 그분이 얼마나 엄위하신지 선포한다. 다윗은 이렇게 기도한다.

주의 존귀하고 영광스러운 위엄과 주의 기이한 일들을

나는 작은 소리로 읊조리리이다.

사람들은 주의 두려운 일의 권능을 말할 것이요

나도 주의 위대하심을 선포하리이다.

그들이 주의 크신 은혜를 기념하여 말하며

주의 의를 노래하리이다(시 145:5-7).

그리고 성경은 온 창조 세계에 나타나는 하나님의 위엄과 인자하심에 대한 증거를 살피라고 권면한다. 다윗은 하늘의 달과 별들을 바라보면서 이렇게 경탄했다.

여호와 우리 주여, 주의 이름이 온 땅에

어찌 그리 아름다운지요(시 8:9).

그런데 장 칼뱅은 다음과 같이 언급한다. "높고 낮은 모든 피조물 가운데 하나님의 영광이 빛나지만……그 영광이 그리스도의 십자가에서만큼 밝게 빛났던 곳은 없다."[14] 성경에 따르면, 인자이신 예수님은 자신이 십자가에 달리실 때 영화롭게 되셨다(요 12:23). 그 십자가는 마치 "하나님의 측량할 수 없는 선하심을 온 세상 앞에 보여주는 장엄한 극장과도 같았다."[15] 그곳에서 하나님의 모든 공의와 자비 안에 있는 그분의 두려우심이 온 인류 앞에 가장 명확하고 심도 있게 드러났다. 19세기 스코틀랜드 신학자였던 존 브라운[John Brown]은 자신의 베드로전서 주석에서 다음과 같이 언급했다.

> 하나님을 향한 두려움은 우리가 그분의 뜻을 거슬러 죄를 짓지 않도록 지켜 주는데, 그리스도의 십자가에 대한 올바른 관점만큼 그 두려움을 우리 마음속에 심어 주기에 적합한 것은 없다. 십자가에서는 하나님의 흠 없는 거룩하심과 불변하는 공의, 그분의 무한한 지혜와 전능하신 능력, 그리고 거룩한 사랑이 환히 빛난다. 그분의 이 같은 속성들은 제각기 다른 속성에 의해 그 빛이 희미해지거나 퇴색하지 않으며, 오히려 그 속성들 모두가 그분의 다른 속성에 의해 더 빛나는 광택을 입는다. 그 속성들의 광채는 서로 어우러져서 하나의 영원하고 찬란한 광휘를 발한다. 그리하여 공의로운 재판장이자 자비로운 아버지이며 지혜로운 통치자이신 그분의 모습이 온전히 드러난다. 하나님의 두려운 공의와 따스한 자비, 심오한 지혜가 그리스도의 십자가에서만큼 뚜렷이 드러나는 곳은 없다.[16]

청교도 신학자였던 존 오웬은 자신의 깊은 체험을 통해, 우리가 그리스도의 십자가를 묵상할 때 하나님을 향한 두려움이 생생히 자라난다는 것을 알았다. 그는 시편 130편에 관해 아마도 역사상 가장 긴 분량의 강해서를 집필했는데, 이는 자신의 삶이 그 시편의 4절("그러나 사유하심이 주께 있음은 주를 경외하게 하심이니이다")을 통해 변화되었기 때문이다. 오웬은 자신의 체험에 관해 이렇게 설명한다.

이전에 나는 몇 년간 그리스도에 관해 설교했었는데, 당시 내게는 그리스도를 통해 하나님께 나아가는 일에 대한 체험적인 지식이 거의 없었다. 그때에 주님이 쓰라린 고통을 가져다주셨으며, 이를 통해 나는 거의 무덤의 문턱에 이르게 되었다. 내 영혼은 공포와 어둠에 짓눌렸다. 하지만 하나님은 그분의 자비로 내 영혼을 구원해 주셨으며, 이 일은 시편 130:4의 말씀을 내 심령에 힘 있게 적용해 주심으로 이루어졌다. "그러나 사유하심이 주께 있음은 주를 경외하게 하심이니이다." 당시에 나는 이 말씀을 묵상하면서 특별한 교훈과 평안과 위로를 얻었으며, 중보자이신 그리스도를 통해 하나님께 가까이 나아가게 되었다. 그리고 내 상태가 회복된 뒤로는 곧바로 이 말씀에 관해 설교하기 시작했다.[17]

오웬이 4절 말씀을 얼마나 중요하게 여겼는지는 그의 주석에서 명확히 드러난다. 이는 그 구절에 대한 설명이 책 전체의 분량에서 4분의 3 정도를 차지하기 때문이다. 그는 이 부분에서, 하나님의 용서가 지니는 본성과 그 가능성을 자세히 설명한다. 여기서 오웬은 다음과 같이 담대하게 역설한다.

앞서 밝혔듯이, 구약에서 '하나님을 향한 두려움'은 (그 명칭을 지닌) 우리 마음속의 어떤 구체적인 감정이 아닌 하나님을 경배하는 태도 전체를 나타내는 경우가 많다. 그리고 두려움을 비롯한 모든 은혜로운 감정들은 그 태도의 바탕 위에서 드러난다. 이제 시편 기자에 따르면, 이

떨며 즐거워하다

'두려움' 또는 경배하는 태도의 토대가 되는 동시에 죄인들이 그런 마음을 품으며 그 일에 전념하도록 하는 유일한 동기와 격려는, 바로 하나님이 우리의 죄를 용서하신다는 사실이다. 이 사실이 없다면, 어떤 죄인도 그분을 두려워하고 섬기며 경배할 수 없다.[18]

그렇다면 그리스도의 십자가가 이처럼 우리 마음속에서 하나님을 향한 두려움이 풍성히 자라나게 하는 토양이 되는 이유는 무엇일까? 첫째로, 주님의 십자가에서 우리의 죄를 용서받기 때문이다. 죄 용서가 없이는 하나님 앞에 결코 나아갈 수 없으며, 그 일을 바랄 수도 없다. 예수님이 십자가에서 행하신 중보의 사역을 제쳐 둘 때, 하나님은 우리에게 그저 무서운 재판장이 되실 뿐이다. 스펄전은 호세아 3:5을 본문으로 하나님을 향한 올바른 두려움에 관해 설교하면서 다음과 같이 언급했다.

우리가 하나님을 두려워하면서 그분과 우리 사이에 한분의 중보자가 계심을 알지 못한다면, 결코 그분 앞에 나아갈 생각을 품지 못할 것입니다. 이는 하나님이 "소멸하는 불"이시기 때문입니다. 그러니 그리스도가 없다면, 우리가 어떻게 그분께 가까이 갈 수 있겠습니까? 여러분이 하나님을 두려워하면서도 그리스도께서 속죄를 이루신 일을 알지 못한다면, 어떻게 그분 앞에 나아갈 수 있겠습니까? 믿음이 없이는 하나님을 기쁘시게 할 수 없습니다. 그리고 예수님의 피가 없이는 신성한 자비의 보좌 앞에 나아갈 길이 없습니다. 만약 여러분이 그리스도를 알지 못한다면, 여러분은 결코 하나님께로 나아가지 않을 것입니다. 우리의 두려움은 반드시 그분의 존귀한 아들 안에서 드러난 하나님의 선하심과 결부되어야 합니다. 그렇지 않으면, 그것은 지금 이 본문에서 언급하는 것처럼 주님을 찾으며 그분께로 나아오는 이의 두려움이 될 수 없습니다. 그때에 우리의 두려움은 주님을 피해 달아나는 이의 두려움이 될 것입니다. 그 두려움은 우리로 하여금 하나님께로부터 점점 더 멀리 벗어나게 하며 더 크고 깊은 어둠과 끔찍한 파멸로 이끌어 갑니다. 또한 모든 소망과 안식과 기쁨을 영원히 삼키는 무한한 심연의 수렁 속으로 우리를 끌고 갑니다.[19]

여기서 스펄전은 그리스도를 알지 못하는 불신자에 관해 언급한다. 하지만 실제로 그리스도인들의 삶에도 이와 동일한 문제가 많이 남아 있다. 그들은 성령의 사역을 통해 자신의 죄를 깨달았지만, 하나님이 죄를 용서하시는 일에 관한 그들의 지식은 여전히 불완전하다. 그들은 이 같은 복음의 위로가 없는 상태에서 하나님을 향한 죄악된 공포심에 사로잡혀 있다. 그리하여 주일에는 영적으로 고양되지만, 월요일이 되면 영적인 침체를 겪으면서 죄책감에 휩싸여 하나님을 피할 길을 찾는다. 그러므로 오직 믿음으로 얻는 칭의는 건강한 그리스도인의 삶을 위한 핵심 토대이며, 그 진리를 알지 못할 때 우리는 복된 것과는 정반대되는 상태에 머문다. 이것이 바로 오웬이 시편 130편에 대한 주석에서, 그리스도의 십자가 사역과 그분이 이루신 칭의에 관한 진리를 해설하는 데 마음을 쏟는 이유다. 그는 그 진리를 우리가 죄악된 두려움에서 벗어나기 위한 핵심 열쇠로 보았다. 조지 맥도널드는 이같이 하나님을 향한 죄악된 두려움에 매여 있는 신자들을 향해 이렇게 권면한다.

> 하나님 아버지의 자녀인 여러분 가운데 혹시 그분을 겁내거나, 그분을 생각할 때 불안감 또는 공포를 느끼는 사람이 있습니까? 그런 이들은 얼른 자신의 악한 마음과 하나님을 향한 공포심을 떠나, 아버지의 구원의 팔 안으로 뛰어가야 합니다. 옷을 걸치느라 지체하지 말고, 그저 아이답게 맨몸으로 그리해야 합니다. 우리는 이전에 그분의 품을 떠나 헤맬 수밖에 없었는데, 이는 그 품 안이 우리의 진정한 안식처임을 깨닫게 하시려는 것이었습니다. 아무리 악한 아버지라도, 자신을 노엽게 했던 아이가 품 안으로 달려오는 것을 볼 때 마음이 풀리지 않겠습니까? 그렇다면 우리 영혼의 아버지이신 하나님, 그저 자신의 자녀들만을 찾기 원하시는 분께서는 얼마나 더 활짝 팔을 벌려 맞아 주시겠습니까![20]

그리스도의 십자가는 죄 용서를 가져다주며, 이를 통해 우리를 죄악된 두려움에서 해방한다. 그 십자가를 바라볼 때, 우리는 지극히 깊은 두려움에 차서 구속주 하나님께 경배하는 마음을 품게 된다. 예수님이 바리새인 시몬의 집에 계실 때 죄악된 여인이 행했던 일을 생각해 보자. 당시 그 여인은 예수님의 곁에 서서 "울며 눈물로 그 발을 적시고 자기 머리털로 닦고 그 발에 입맞추고 향유를 부"었다(눅 7:38). 이때 예수님은 시몬에게 이렇게 말씀하셨다.

이 여자를 보느냐. 내가 네 집에 들어올 때 너는 내게 발 씻을 물도 주지 아니하였으되 이 여자는 눈물로 내 발을 적시고 그 머리털로 닦았으며 너는 내게 입맞추지 아니하였으되 그는 내가 들어올 때로부터 내 발에 입맞추기를 그치지 아니하였으며 너는 내 머리에 감람유도 붓지 아니하였으되 그는 향유를 내 발에 부었느니라. 이러므로 내가 네게 말하노니 그의 많은 죄가 사하여졌도다. 이는 그의 사랑함이 많음이라. 사함을 받은 일이 적은 자는 적게 사랑하느니라(눅 7:44~47).

여기서 예수님은 그분을 향한 여인의 사랑에 관해 말씀하셨지만, 그녀가 자신의 동작을 통해 보여준 강렬한 감정은 성경에서 언급하는 두려움의 모습에 잘 들어맞는다. 이는 그녀의 사랑 가운데 강렬한 두려움이 담겨 있기 때문이다. 이 점을 달리 표현하면, 그녀의 사랑이 지극히 강렬했기에 두려움의 성격을 띠게 되었다. 다음과 같은 스펄전의 언급은 그녀를 두고 한 말일 수도 있다.

어떤 사람이 진정으로 자신의 모든 죄를 용서받을 때, 그는 주님을 두려워하는 사람이 됩니다. 이 점은 분명한데, 용서는 우리의 심령 속에 사랑을 심어 주기 때문입니다. 그리고 우리가 더 많이 용서받을수록 주님을 더 많이 사랑하게 됩니다. 우리의 큰 죄가 씻길 때 그분을 향한 깊은 사랑이 생겨납니다. 하나님을 향한 참된 두려움의 핵심에 놓인 것은 바로 이 사랑입니다.[21]

떨며 즐거워하다

그리스도께서 베푸신 용서의 위대함과 경이로움은 그분의 십자가에서 가장 뚜렷이 드러난다. 이 십자가에서 우리는 그분이 우리 죄를 속하기 위하여 죽으셨다는 점, 그러므로 우리의 죄가 실로 심각하고 중대하다는 점을 분명히 깨닫는다. 이때 우리는 주님을 향해 깊은 사랑의 반응을 보여야 하며, 그 사랑은 실로 강렬하기에 두려움에 찬 것이 된다. 스펄전은 위의 설교에서 계속해서 다음과 같이 말한다.

과거뿐만 아니라 지금도 자신을 온전히 예수님께 드린 사람들이 있습니다. 그중 많은 이들은 힘에 부치도록 그분을 위해 수고하지요. 그리고 그렇게 자신을 드린 많은 사람들이 주님을 위해 목숨을 버렸습니다. 그들은 공포심에 뒷걸음치거나 그 혹독한 십자가를 피하려 들지 않고, 지극히 고통스러운 죽음을 감내했습니다. 이런 사람들은 어떻게 그처럼 하나님만을 두려워하는 태도를 품게 되었을까요? 만약 그들이 그리스도의 이름으로 죄 용서를 받지 않았더라면 그런 두려움을 품을 수 없었을 것입니다. 하지만 그들은 실제로 죄 용서를 받았기에, 그 복되신 분을 사랑하며 두려워하게 되었습니다. 이때 그들이 품은 것은 노예의 비굴한 두려움이 아니라 거룩한 경외심이었습니다. 그분이 자신의 보혈로 그들을 정결케 해주셨기 때문이지요. 그러므로 죄 용서는 하나님을 향한 참된 두려움의 본질적인 요소가 됩니다. 우리가 죄 용서를 누릴 때, 그것은 우리로 하여금 하나님을 두려워하게 만드는 주된 동기가 됩니다. 이를 통해 우리는 신자들의 복된 상태에 들어갑니다.[22]

모든 그리스도인은 그리스도의 십자가를 향한 이 두려움에 찬 반응을 얼마간 경험해야 한다. 그것은 강렬하고 경이로우며, 그리스도인들이 겪어야 할 정상적인 체험이다. 하지만 안타깝게도, 실제로 그 일을 체험하는 이는 매우 드물다. 우리는 대개 교만한 태도로 자신의 삶에 몰두하며, 그로 인해 그리스도의 발 앞에 겸손히 나아가 엎드리는 일을 기피한다. 하지만 이같이 자신을 낮출 때, 우리는 감미로운 기쁨을 맛보게 된다. 이렇게 경이에 찬 두려움은 귀한 보석과도 같다. 이는 자신을 향해 기꺼이 죽으려는 이들이 그 감정을 체험하기 때문이다. 조지 맥도널드는 이러한 죄와의 씨름과 두려움의 체험을 분석하면서 다음과 같이 언급했다.

> 자아가 우리 영혼의 법칙으로 받아들여질 때, 그것은 우리의 삶을 괴롭히는 유일한 대적이 됩니다. 그것의 손아귀에서 우리를 건지시는 분은 하나님뿐이지요.……하나님께 속한 어떤 영광도 우리 속에서 공포심을 만들어 내지는 않습니다. 그러므로 어떤 하나님의 자녀가 그분을 겁내고 무서워한다면, 이는 그가 아직 '아버지'라는 단어를 자신의 영적인 입으로 기쁘게 고백하고 있지는 않음을 보여주는 징표가 됩니다. 하나님의 영광은 그것 앞에서 무서움에 떠는 이들 속에서만 공포심을 만들어 낼 수 있습니다. 어떤 이들이 그런 상태에 있을 때, 그 공포심이 그들 안에서 자라나며 유지되는 것은 좋은 일입니다. 그럼으로써 그들은 그 공포심이 존재하지 않는 유일한 곳으로 피신하기 때문입니다. 그곳은 바로 영광스러운 하나님의 품 안입니다.[23]

떨며 즐거워하다

우리 그리스도인들은 너무나 쉽게 하나님을 향한 죄악된 두려움에 안주한다. 이는 우리의 죄에 관해 그리스도의 십자가에서 내려진 심판을 미처 감당할 수 없기 때문이다. 그러나 그 심판을 받아들이고 자신에 대해 죽을 때, 우리가 하나님께 저항하면서 품었던 공포심은 깊은 두려움에 찬 경배로 바뀐다. 그러므로 하나님을 향한 두려움이 금을 주고도 살 수 없는 귀한 상급인 것은 당연하다. 그 두려움은 자기 개선과는 반대되는 것으로서, 우리가 자신에 대해 죽을 때 비로소 얻는 결실이다. 이 일은 오직 주님의 십자가 아래서만 이루어진다.

위에서 우리는 그리스도의 십자가가 우리 마음속에 하나님을 향한 두려움이 풍성히 자라나게 하는 토양이 되는 이유에 관해 질문했다. 그 첫 번째 대답은 십자가에서 우리의 중대한 죄가 용서받는다는 것이었다. 이제 또 다른 대답을 제시하려 한다. 그것은 하나님의 은혜가 우리의 안내자가 되어, 우리가 죄를 용서받는 데서 한 걸음 더 나아가 그 용서를 베푸신 분을 찾도록 한다는 것이다. 십자가의 빛 아래서, 그리스도인들은 하나님이 베풀어 주신 은혜에 감사할 뿐 아니라 참으로 인자하신 그분을 찬양한다. 하나님은 그 십자가를 통해, 자신이 얼마나 자비롭고 관대하며 아름다우신지 드러내신다. 이 점에 관해 존 버니언은 이렇게 언급한다. "오! 실로 위대하신 하나님은 또한 지극히 선한 분이시기에, 우리같이 무가치하며 아무 자격이 없는 이들, 그분의 영광스러운 성품에 어긋나는 일들을 늘 범하는 이들에게 자신의 선하신 손길을 계속 베푸신다. 이 일을 생각할 때, 우리는 깊은 전율에 떤다."[24] 그는 다른 글에서 이 일에 관해 다음과 같이 기록한다.

> 하늘과 땅 가운데, 하나님의 은혜만큼 우리 마음속에 깊은 경이감을
> 불러일으키는 것은 없다. 그 은혜는 우리로 하여금 두려움과 전율에
> 떨게 하고, 그분 앞에 몸을 굽혀 경배하면서 온전히 자신을 내려놓게
> 한다. 실로 그 은혜만큼 장엄한 품격을 지닌 것은 없으며, 우리 인간의
> 마음속에 위대한 영향력을 행사하는 것도 없다.[25]

존 버니언은 자신의 글 『경외함의 진수』에서, 우리로 하여금 하나님
을 참으로 두려워하게 하는 가장 깊고 강력한 마음의 변화는 그리스
도의 십자가 아래서 이루어진다고 주장했다. 바로 그곳에서, 우리의
죄와 그에 대한 하나님의 심판과 은혜가 온전히 드러나기 때문이다.
버니언의 인상적인 통찰에 따르면, 우리 신자들의 죄책이 그리스도
의 십자가를 통해 말소됨과 동시에 우리는 자신이 얼마나 사악하고
불결한지를 더욱 깊이 깨닫는다.

> 하나님이 진실로 우리에게 임하셔서 죄 용서를 가져다주실 때, 이를
> 통해 우리의 죄책은 제거되지만 우리의 더러움을 깨닫는 감각은 더 깊
> 어진다. 하나님이 우리같이 더러운 죄인을 용서해 주셨음을 자각할 때,
> 우리는 기쁨과 전율을 동시에 느낀다. 오, 그때 복된 당혹감이 우리의
> 얼굴에 가득하게 된다![26]

버니언에 따르면, 이때 우리의 얼굴에는 "복된 당혹감"과 함께 감미로운 눈물이 흐른다. 하나님이 그리스도의 십자가에서 베풀어 주신 은혜와 자비를 체험할 때, 우리는 자신의 사악함을 생각하면서 울기 때문이다. 이때 우리는 회개하는 동시에 기뻐한다. 하나님의 자비 앞에서 우리의 사악함이 뚜렷이 드러나며, 우리의 사악함 앞에서 그분의 은혜 역시 뚜렷이 드러나는 것이다. 그리하여 우리는 구주이신 그분을 더욱 깊이 두려워하면서 행복한 마음으로 경배한다.

여기서 분명히 언급하자면, 우리는 그저 자신이 용서받은 사실 앞에서만 경이감을 품는 것은 아니다. 이 수준에 머무를 경우, 우리는 여전히 자기애로 가득한 상태로 남을 수 있다. 이때 우리는 구주를 즐거워하는 것이 아니라, 우리를 지옥에서 값없이 끌어내실 분으로 여기면서 그분을 위선적으로 이용하는 것이다. 그러나 그리스도의 십자가 앞에서 마음의 변화가 이루어질 때, 우리는 자신에 대한 집착에서 벗어나 이같이 용서를 베푸시는 구주의 은혜로운 능력에 경이감을 품게 된다. 이때 우리는 자신이 받은 죄 용서의 선물에서 눈을 돌려 그 선물을 베푸신 이의 영광을 바라보면서 경탄하며, 그분이 우리를 위해 행하신 일을 경이롭게 여기던 데서 한 걸음 더 나아가 그분 자신이 어떠하심을 묵상하면서 깊이 감격한다. 하나님의 관대하심과 지극히 선하심은 그분 앞에 우리 자신을 내려놓게 하며, 그럼으로써 우리는 두려움과 경이에 찬 마음으로 그분께 경배한다. 이에 관해 스펄전은 이렇게 언급한다.

하나님의 선하심은 종종 우리 마음을 경이감으로 가득 채우며, 그 경이감 가운데는 두려움의 요소가 담겨 있습니다. 우리는 주님이 그분의 은혜로 우리를 대하시는 일에 깊이 놀라면서, 다음과 같이 고백합니다. "주님, 당신께서 여러 해 동안 이렇게 다양한 방식으로 선을 베푸신 이유는 무엇입니까? 이처럼 깊은 자비와 사랑을 보여주신 이유는 무엇입니까? 당신께서는 마치 내가 당신을 근심시키거나 당신의 뜻을 거스른 적이 없는 것처럼 대해 주셨습니다.……오, 하나님! 당신의 사랑은 마치 태양과 같습니다. 저는 감히 그 손길을 똑바로 응시할 수 없으니, 그 환한 빛 때문에 내 눈이 멀기 때문입니다! 내가 두려움을 품는 것은 바로 당신이 선하시기 때문입니다."[27]

두려움에 찬 설교와 두려움을 심어 주는 설교의 필요성

만약 하나님을 향한 두려움이 "모든 사람의 본분"(전 12:13)이자 "경건의 정수"인 동시에 새롭게 된 마음의 본질이라면, 모든 신자는 다윗과 함께 다음과 같이 늘 기도해야 한다.

여호와여, 주의 도를 내게 가르치소서.
내가 주의 진리에 행하오리니
일심으로 주의 이름을 경외하게 하소서(시 86:11).

모든 신자는 날마다 성경을 묵상해야 하며, 십자가 중심적이고 하나

떨며 즐거워하다

님을 영화롭게 하는 책들을 읽고 또 그런 이들과의 교제를 추구해야 한다. 그럼으로써 그들이 이 기쁨이 담긴 두려움 가운데서 자라 갈 수 있기 때문이다.

그런데 하나님을 향한 두려움이 지니는 중요성은 특히 그리스도께 속한 백성에게 하나님의 말씀을 먹이도록 부름받은 이들에게 어떤 도전을 제기한다. 첫째로, 사람들이 공포심이 아닌 경이감을 품고서 하나님을 바르게 두려워하기 위해서는, 올바른 두려움을 소유할 뿐 아니라 자신의 삶과 매일의 언행 속에서 그 일의 본보기가 되는 지도자가 필요하다. 물론 두려움은 내적인 마음 상태이지만, 성경에서 우리는 그 감정이 종종 신체적인 동작을 통해 외적으로 표현되는 것을 본다. 다시 말하면, 각 사람이 품은 두려움은 바깥으로 드러난다. 그러므로 하나님의 백성은 지도자가 하나님을 두려워하는지 여부를 어느 정도 감지한다. 그 두려움은 지도자를 둘러싼 무언의 분위기 가운데서 드러나며, 그때 그는 아마도 그리스도를 닮은 아름다운 성품을 보여줄 것이다. 하나님의 아름다우심과 영화로우심, 그분의 위엄과 선하심이 그들의 마음에 깊은 영향을 끼치기 때문이다.

둘째로, 하나님을 향한 두려움은 우리가 전하는 모든 가르침의 핵심 목표가 되어야 한다. 또한 우리가 제시하는 가르침의 내용과 의도를 모두 구성해야 한다. 먼저 그 내용에 관해 논하자면, 신자들이 이 두려움 가운데서 자라 가기 위해서는 하나님의 말씀이 필요하다. 그들은 풍성한 성경 강해를 통해 영혼의 양식을 섭취해야 한다. 그들은 성경을 통해 창조주 하나님을 아는 지식을 접할 뿐 아니라, 그리스도 안에서 구속주가 되시는 하나님에 관한 십자가 중심적인 지식을 누릴 필요가 있다. 그들이 죄악된 두려움을 물리치기 위해서는 오직 그리스도의 피로 얻는 칭의의 교리를 알아야 한다. 또한 그들이 경이에 찬 자녀로서의 두려움 가운데 자라 갈 수 있도록, 십자가에 못 박히신 분의 영광을 그들 앞에 늘 제시해야 한다.

우리는 사역의 의도에 관해 살필 때, 모세와 마찬가지로 사람들이 주님을 두려워하게 하려는 목표를 품고 가르쳐야 한다(신 6:1-2). 칼뱅의 표현처럼, 이는 우리가 사람들의 마음속에 심어 주려는 하나님을 아는 지식이 "공허한 사변에 만족하면서 그저 머릿속에서만 떠돌아다니는" 식의 앎이 아님을 의미한다. 오히려 그것은 "우리가 적절히 그것을 인식하고 그것이 우리 마음속에 뿌리를 내릴 때 건전한 열매를 풍성히 맺는" 종류의 지식이다.[28] 다시 말해, 우리는 사람들을 가르칠 때 그저 정보만을 전달하는 일에 만족할 수 없다는 것이다. 하나님을 향한 참된 두려움이 없는 곳에서는 그분을 아는 참된 지식도 생겨날 수 없다. 순전하고 참된 종교는 오직 신앙이 "하나님을 향한 진심 어린 두려움과 결합되는" 곳에서만 나타난다.[29] 그 이유는 무엇일까? 살아 계신 하나님은 그분이 행하시는 모든 일에서 지극한 영광을 드러내시므로, 우리가 그분께 경배하지 않고서는 그분을 제대로 알 수 없기 때문이다. 이 점에 관해 칼뱅은 이렇게 언급한다. "우리가 하나님의 선하심을 체험할 때, 어떻게 그에 대한 응답으로 그분을 온전히 사랑하지 않을 수 있겠는가? 하나님이 자기를 두려워하는 이들을 위해 예비하신 풍성하고 감미로운 은덕을 깨달

떨며 즐거워하다

을 때, 우리는 깊이 감동할 수밖에 없다."³⁰

이는 설교자에게 설교가 단순한 강의와 혼동될 수 없음을 의미한다. 기독교의 설교는 그저 성경 본문의 내용을 설명하는 일이 아니다. 예수님 당시의 바리새인들은 성경의 내용을 해설하면서도(그들은 사두개인들을 능가하는 신학적 정확성을 보였다) 영적으로는 여전히 메마른 상태로 남아 있었다. 설교자에게는 단순히 본문 내용을 해설하는 것보다 더 큰 책임이 주어져 있다(그리고 이 책임을 감당하기 위해서는 더 깊은 온전함이 요구된다). 하나님이 우리의 설교를 통해 그분을 아는 지식을 베푸시는 의도는 그 지식이 신자들의 삶에 깊은 영향을 끼치도록 하시는 것이다. 모든 신학이 하나님을 향한 송영이 되어야 하듯이, 우리의 설교 역시 신자들의 진실한 경배를 이끌어 내야 한다. 이렇듯 하나님을 두려워하는 마음으로 드리는 예배는 그리스도인들의 삶이 변화되는 일에 가장 본질적이고도 실천적인 영향을 끼치며, 참된 순종을 낳는 요인이 된다. 이는 우리가 하나님을 사랑할 때, 이웃을 진실하게 사랑하는 일 역시 가능하기 때문이다(요일 4:7-21). 모세를 통해 주어진 율법의 첫 돌판(하나님 경배에 관한 계명)은 두 번째 돌판(이웃 사랑에 관한 계명)의 토대가 된다. 율법은 이같은 순서에 따라서만 성취된다.³¹

조나단 에드워즈가 이 문제에 관심을 쏟았던 것이 분명하다. 그의 시대에는 대부분의 사람들이 적어도 기독교의 기초 교리 중 일부에 관해서는 이론적인 지식을 갖고 있었다. 하지만 그는 그런 지식이 그들을 그리스도인으로 만들어 주지는 않는다고 분명히 밝혔다. 마귀조차 그런 종류의 지식을 갖고 있기 때문이다. 오히려 에드워즈는 다음과 같이 주장했다. "참된 종교는 많은 부분 거룩한 감정들 가운데 존재한다."[32] 이 말은 진심으로 회심한 이들은 정서적인 무관심에서 벗어나 더 깊은 곳으로 나아간다는 것을 의미한다. 즉 "생기와 피의 움직임이" 그리스도를 향한 사랑과 그분 안에서 누리는 기쁨으로 "뚜렷이 변화되기 시작한다"는 것이다.[33] 여기서 에드워즈는 올바르게 사랑과 기쁨을 언급하지만, 앞서 우리가 살펴본 두려움이 곧 그리스도인들이 품어야 할 강렬한 종류의 사랑과 기쁨임을 감안할 때 그 감정들을 "두려움"으로 지칭할 수 있다. 실제로, 성경에서 언급하는 하나님을 향한 두려움은 에드워즈의 주장을 강화한다. 그리스도를 향한 우리의 사랑과 그분 안에서 누리는 기쁨은 미적지근한 것이 아니라, 우리의 맥박과 혈류를 빨라지게 하는 것이 되어야 한다.

에드워즈에 따르면, 하나님이 설교자들을 세우신 이유는 바로 여기에 있다.

신적인 일들을 사람들의 마음과 정서 속에 심어 주는 일은 성경에 기록된 그분의 말씀이 설교를 통해 해설되고 적용되며 사람들에게 전달되도록 정하신 크고 주된 목적인 것이 분명하다. 그러므로 사람들이 그저 좋은 성경 주석과 해설서 또는 유익한 신학 서적들을 소유하는 것으로는 하나님이 설교의 직무를 제정하신 목표가 적절히 충족될 수 없다. 이런 서적들은 하나님의 말씀에 속한 일들에 관해 교리적이고 사변적으로 유익한 이해를 제공한다. 하지만 설교와 달리 사람들의 마

떨며 즐거워하다

음과 정서 가운데 그 진리들을 심어 주는 역할을 할 수는 없다. 하나님은 그분의 말씀이 우리의 설교를 통해 사람들의 삶에 구체적이며 생생한 방식으로 적용되도록 정하셨다. 그것은 신앙적인 일들의 중요성과 자신들의 비참함, 그리고 그에 대한 치유책의 필요성과 하나님이 베풀어 주신 그 치유책의 영광스러움과 충분함을 죄인들에게 깨우치기에 적합한 방편이 된다. 또한 설교는 성도들의 순수한 마음을 각성시키며 그들의 깊은 정서를 불러일으키는 일에도 적절한 방편이 된다. 이 일은 종종 신앙에 속한 위대한 것들을 그들에게 상기시키며, 그들 앞에 그 진리들을 바르게 제시함으로 이루어진다. 물론 그들은 이미 그 진리들을 알며 그 일들에 관해 충분히 가르침을 받았지만, 그럼에도 이 일은 여전히 요구된다(벧후 1:12-13). 지금 이 본문에서 언급되는 바와 같이, 설교는 특히 그들 안에서 사랑과 기쁨의 두 가지 정서가 자라 가게 하는 데 유익한 방편이 된다.[34]

에드워즈가 보기에 설교는 성경을 해설하는 것 이상의 의미를 지녔다. 그 일은 "생생한……적용"과, 복음의 진리를 사람들 앞에 "바르게" 제시함으로 "깊은 정서를 불러일으키려는" 의도를 포함했다. 우리는 설교의 이러한 성격을 감정 위주의 사고방식이나 감정적인 조작과 혼동해서는 안 된다. 이 점을 살피면서, 에드워즈는 혈당 수치에 따라 달라지는 일시적이며 피상적인 열정과, 마음의 기질과 그 경향성 자체에 속한 깊은 정서 사이를 적절히 구분한다. 그는 설교자들이 대중을 감정적으로 자극하고 흥분시키는 일을 옹호하지 않았으며, 그보다 훨씬 더 중요한 과업을 수행하기를 바랐다. 그것은 우리의 마음속에 있는 근원적인 갈망과 가장 깊은 애착에 호소하는 방식으로 복음을 전달하는 일이었다.

그렇다면 그 일은 어떻게 이루어지는가? 에드워즈에 따르면, 그 일은 특히 그리스도의 십자가를 청중 앞에 제시함으로 이루어진다.

> 복되신 여호와 하나님의 영광과 아름다움은 그 자체로도 우리의 사랑과 경배의 대상이 되기에 지극히 합당하다. 그런데 그 영광과 아름다움은 그리스도의 십자가에서 우리의 가장 깊은 정서를 일깨우는 방식으로 드러났다. 이는 성육신하신 구주로서 우리를 무한히 사랑하시며 온유하고 긍휼이 풍성하신 그분이 숨을 거두시는 모습에서 하나님의 영광과 아름다움이 모든 광채를 발하면서 빛나기 때문이다.······하나님은 우리의 구속에 관한 일들과 복음 안에서 계시된 그분의 영광스러운 경륜을 계획하실 때, 그 일들이 우리 마음의 가장 내밀한 부분에 와 닿으며 우리의 정서를 가장 뚜렷하고 확고하게 움직이도록 하는 방식으로 모든 것을 섭리하셨다. 그러므로 그 일들에 우리가 영향받지 않는다면, 부끄러움을 느끼고 자신을 먼지와 같이 낮추는 것이 마땅하지 않겠는가!35

이처럼 하나님을 향한 두려움을 품는 것이 그리스도인들의 올바른 삶에서 핵심적인 중요성을 지니는 문제라면, 설교자들은 그분에 대한 무관심을 허용하는 방식으로 말씀을 전할 수 없다. 앞서 살폈듯

떨며 즐거워하다

이, 하나님의 말씀 자체가 "여호와를 경외하는 도"로 묘사된다(시 19:9). 따라서 우리는 그 말씀을 무기력한 자세로 전할 수 없다. 청중이 그 말씀을 냉담하거나 관심 없는 태도로 받아들이는 일 역시 올바른 수용 방식이 아니다. 설교자들은 말씀에 담긴 하나님의 열렬한 의도를 전달해야 한다. 그럼으로써 죄인들이 마음에 찔림을 받고 두려움에 떨며, 성도들이 이제는 공포심에 빠져 몸을 움츠리는 대신에 깊은 경이감 가운데서 전율하도록 인도해야 한다.

7장

당당한 교회

이제는 이 책을 잠시 내려놓고, 우리가 두려워하는 일들이 무엇인지 자문해 볼 필요가 있다. 우리가 품은 두려움은 우리 자신에 관해 많은 것들을 말해 준다. 우리가 무언가를 두려워할 때, 그 일은 우리가 진정으로 사랑하는 대상이 무엇인지를 보여준다. 우리의 자녀들이 다칠까 봐 두려워하는 이유는 우리가 그들을 사랑하기 때문이며, 직업을 잃을까 봐 두려워하는 이유는 그 직업이 가져다주는 안정성과 자아 정체성을 사랑하기 때문이다. 또한 우리가 거절과 비판을 두려워하는 이유는 사람들에게 인정받는 일을 사랑하기 때문이다. 이런 두려움 중 일부는 건전하고, 다른 일부는 과장되었으며, 또 다른 일부는 우리의 인격 내부에 깊은 병증이 자리 잡고 있음을 드러낸다. 또한 어떤 두려움은 우리가 그것을 '두려움'으로 지칭하기도 어렵다.

떨며 즐거워하다

지붕에서 물이 새는 것을 염려하거나 주방의 오븐을 켜 둔 채 집을 나왔을지도 모른다는 걱정이 그런 경우인데, 이런 생각들은 우리 머릿속을 늘 맴도는 찜찜한 느낌에 더 가깝다. 너무 사소하기에 하찮게 여겨지는 불안감인 것이다. 하지만 이 모든 두려움은 우리에게 무언가를 말해 준다.

그러니 한번 자문해 보자. 내가 품은 두려움은 나 자신과 내 우선순위에 관해, 그리고 내가 소중히 여기는 것들에 관해 무엇을 말해 주는가? 그 두려움은 내가 어디에서 안정감을 얻으려 하는지에 관해 무엇을 보여주는가?

여러분은 자신의 죄악됨과 불편한 상태에 처하는 일 중에서 무엇을 더 두려워하는가? 하나님과 사람 중에서, 또는 자신의 죄인 됨과 사람들 앞에서 그 죄인 됨이 드러나는 것 중에서 어떤 것을 더 두려워하는가?

우리가 품은 두려움은 마치 심전도 수치와 같아서, 우리의 마음이 어떤 상태에 있는지를 늘 알려 준다.

그렇다면 신자가 하나님의 자녀로서 그분을 향한 바르고 건전한 두려움을 품고 있을 때, 그 모습은 어떤 식으로 드러나는가? 이때 그는 냉담하고 활기가 없으며 위선적인 신앙의 겉모습을 보여주지 않는다. 오히려 그는 구속자이신 하나님의 선하심과 위대하심, 그분의 영광 앞에서 진심 어린 태도로 전율한다.

하나님과의 더 깊은 교제

성경은 하나님을 바르게 두려워하는 이들이 누리는 많은 유익에 대한 약속으로 가득하다. 예를 들어, 시편 112:1은 이렇게 말한다. "여호와를 경외하며 그의 계명을 크게 즐거워하는 자는 복이 있도다." 그 이유는 무엇인가? 하나님이 "하나님을 경외하며 의를 행하는 사람은 다 받으시"기 때문이다(행 10:35). 하나님은 그런 이들을 깊이 사랑하신다.

> 이는 하늘이 땅에서 높음같이
> 그를 경외하는 자에게
> 그의 인자하심이 크심이로다(시 103:11).

성경은 이렇게 말한다.

> 아버지가 자식을 긍휼히 여김같이
> 여호와께서는 자기를 경외하는 자를
> 긍휼히 여기시나니(시 103:13; 또한 삿 10:16; 사 63:9 참조).

또한 이렇게 말한다.

> 여호와는 자기를 경외하는 자들과

그의 인자하심을 바라는 자들을 기뻐하시는도다(시 147:11).

"여호와를 경외하는 것은 생명의 샘"이다(잠 14:27). 이는 주님이 그
들의 방패가 되시기 때문이다(시 33:20; 34:7; 115:11). 그분은 그들
의 소원을 이루시며, "그들의 부르짖음을 들으사 구원하"신다(시
145:19). 또한 그들에게 풍성한 은혜를 베풀어 주신다(시 31:19). 존
버니언은 이 진리를 아름답게 요약하면서 이렇게 언급했다.

> 하나님을 두려워하는 자녀들 곁에는 그분의 자비가 머무른다. 그것은
> 충분한 자비이며, 영원한 자비다. 이 자비는 실로 오래도록 지속된다.
> 그것은 그들의 죄나 그들이 겪는 유혹보다 더 오래가며, 그들이 당하
> 는 슬픔과 핍박보다 더 오래 머무른다. 하나님은 영원 전부터 그 자비
> 로 그들의 구원을 계획하셨으며, 영원에 이르도록 그 자비로 모든 대
> 적을 누르시고 그 일을 이루어 가신다. 이제 그 자비를 입은 이들에게
> 지옥과 사망이 무슨 해를 끼칠 수 있겠는가? 주님을 두려워하는 이들
> 은 바로 이러한 자비를 누린다.[1]

주님을 두려워하는 이들은 그분의 자비와 사랑과 긍휼을 안다. 그들
은 자신이 하나님의 품 안에 받아들여졌으며 그분의 보호 아래 있다
는 것, 그리고 그분이 그들을 기뻐하신다는 것을 안다. 그러므로 주
님을 향한 두려움은 우리가 하나님과 누리는 따스한 교제의 깊이를
보여주는 마음의 표지이며, 그분은 자신의 자녀들과 그런 교제를 나

누기 원하신다. 그리고 그 두려움은 하나님의 영원한 자비를 알고 누리는 이들이 드러내는 일종의 경이감과도 같다. 이제는 하나님이 그들 안에서 기쁨을 누리시며, 그들 역시 그분 안에서 즐거움을 얻는다. 그것은 그들의 구주이신 그리스도의 생명과 기쁨에 참여하게 된, 따라서 주 하나님을 두려워하기를 즐거워하시는 그분의 태도에도 동참하는 이들이 보여주는 표지다. 이처럼 주님을 바르게 두려워하는 신자들, 곧 하나님과 그분의 약속들을 아는 이 신자들은 충분히 기도하지 못하는 자신의 모습을 탄식하면서도 진심과 사랑이 담긴 기도 생활에 관해 무언가를 아는 모습을 보여줄 것이다. 그들은 하나님을 더 깊이 알며, 그분과 더 감미롭고 지속적인 교제를 누리기를 바라기 때문이다.

지식과 지혜

솔로몬은 이렇게 기록한다. "여호와를 경외하는 것이 지식의 근본이거늘"(잠 1:7). 이는 주님을 두려워할 때, 신자들은 어떤 타고난 천재도 얻지 못한 지식을 소유하기 때문이다.

아담과 하와가 선악과를 따 먹은 이후로, 인류는 특정한 종류의 지식을 추구해 왔다. 그것은 바로 '하나님이 없는 지식'이다. 하지만 그 지식을 찾고 구할수록, 인간의 삶은 두려움에 가득 차게 되었다. 지금 우리는 우주의 두려운 크기 앞에서 전율하며, 인간의 영혼이 지닌 어둡고 복잡한 속성 앞에서 절망한다. 인간이 하나님을 떠난 상태에서, 더 많은 지식은 더 큰 행복과 만족감을 의미하지 않았다. 오히려 현대인들은 광대한 두려움의 바다 위를 표류하는 듯한 느낌을 겪게 되었다. 이와 동시에, 우리는 오랫동안 지식을 찾아 헤매며 탐구했음에도 깊은 무지 가운데 머물게 되었다. 지금 우리는 창조주나 실재 자체의 논리에 대해서 아는 바가 없으며, 우리가 누구인지 또한 어떤 존재로 지어졌는지에 대해서도 전혀 무지하다. 이 점에 관해 칼뱅은 이렇게 언급한다.

이 점에서는 가장 위대한 천재도 두더지보다 더 눈이 어둡다! 물론 나는 철학자들의 글 이곳저곳에서 하나님에 관한 유능하고 적절한 진술을 읽을 수 있음을 부정하지 않는다. 하지만 그분에 관해 논할 때, 그들은 자신만의 허탄한 공상 역시 드러낸다. 앞서 언급했듯이, 주님은 그분의 신성에 대한 희미한 감각을 그들에게 주셨다. 그럼으로써 그들이 무지를 핑계 삼아 자신의 불경건함을 변명할 수 없게 하셨다. 때때로 주님은 그들로 하여금 특정한 진술을 고백하도록 압박하셨으며, 이를 통해 자신의 생각을 바로잡도록 하셨다. 하지만 그들은 사물을 바라보는 왜곡된 방식 때문에 진리를 지향하지 못했으며, 그 진리에 도달하는 일은 더더욱 불가능했다! 그들은 마치 한밤에 들판을 가로질러 가는 여행자와 같다. 번갯불이 잠시 번쩍일 때는 앞을 멀리 내다본다. 하지만 그 빛이 금세 사라지고 나면 다시 밤의 흑암 속으로 내던져진다. 그렇기에 그 빛에 힘입어 자신의 길을 걸어가는 것은 고사하고, 미처 한 발짝도 떼기 전에 다시 막막한 형편에 놓이게 된다. 또한 그들의 저서 가운데 간간이 진리의 흔적이 나타나지만, 전체적으로 볼 때 그 책들은 얼마나 터무니없는 거짓말로 얼룩져 있는지 모른다! 간단히 말하자면, 그 철학자들은 우리를 향한 하나님의 자비에 대해 확신을 느껴 본 적이 없다(이 확신이 없을 때, 우리의 지성은 그저 끝없는 혼돈에 빠진다). 그러므로 인간의 이성은 이 진리, 곧 참된 하나님은 어떤 분이시며 그분은 우리를 향해 어떤 하나님이 되기를 원하시는지에 관한 진리에 다가가거나 그 진리를 얻으려고 애쓰지 않으며, 그 일을 자신의 확고한 목표로 삼지도 않는다.[2]

이와 달리, 주님을 두려워하는 이들은 위대한 철학자들 중 어느 누구도 헤아리지 못했던 지식을 얻는다. 주님을 향한 두려움은 "우리를 향한 하나님의 자비에 대한 확신"과 동일하기 때문이다. 그 두려움을 품을 때, 우리는 창조주이며 구속자이신 하나님, 엄위하신 동시에 자비로우신 그분에 대한 참된 지식을 발견한다. 어떤 이가 하나님을 안다고 하는데도 그에게서 이처럼 두렵고 압도적인 경이감을 찾아볼 수 없을 때, 그의 지식은 실제로 맹목적이며 열매 없는 것일 뿐이다. 살아 계신 하나님은 실로 놀라우신 분이기에, 그분께 경배하며 그분을 진심으로 사모하지 않는 이에게는 그분을 아는 참된 지식이 나타나지 않는다.

이 점은 우리 중에서 신학에 애착을 품은 이들에게 특별한 도전을 제기한다. 이는 신학 탐구가 우리 자신을 뽐내며 다른 사람들을 내려다보는 활동으로 변질되는 경우가 많기 때문이다. 그러므로 헬

떨며 즐거워하다

무트 틸리케Helmut Thielicke는 많은 이들이 한두 해 정도 신학을 공부한 뒤에 무익한 "신학적 사춘기"의 단계를 겪는다는 점을 학생들에게 경고한 바 있다.[3] 이 단계에 있을 때, 젊은 신학자들은 새로운 신학 개념들에 심취한 나머지 영지주의적인 교만으로 가득하다. 이전에 그들은 하나님을 향한 사랑을 품었지만, 그 사랑은 (일종의 권력과도 같은) 지식을 습득하는 일에 담긴 마귀적인 쾌감 가운데서 소멸된다. 이 왜곡된 지식은 그의 인격 가운데서 비뚤어진 형태로 모습을 드러내는데, 이는 그들이 무례한 신학적 불량배가 되어 자신의 실력을 과시할 기회를 찾으려고 애쓰기 때문이다. 나이 든 신학자들 역시 이런 병폐에서 자유롭지 않다. 신학을 사랑하는 이들은 하나님을 바르게 두려워하지 않는 이들이 그분에 관한 참된 지식을 얻을 수 없다는 점을 기억해야 한다. 하나님을 향한 두려움은 참된 지식을 위한 유일한 토대가 된다. 그 두려움이 없이 습득한 모든 지식은 가짜이며, 결국에 그 거짓됨이 드러난다.

주님을 향한 두려움은 하나님을 아는 지식의 시작일 뿐 아니라 우리 자신에 관한 참된 지식의 시작이기도 하다. 칼뱅은 『기독교 강요』 앞부분에서 이렇게 기록한다. "자신을 하나님의 위엄에 견주어 보기 전까지, 인간은 결코 자신의 비천한 상태를 충분히 자각하거나 깨우치지 못한다."[4] 우리는 하나님의 거룩하심과 엄위하심에 스스로를 비추어 보는 일을 통해서만, 자신이 본성적으로 얼마나 하찮고 사악하며 어리석은 존재인지 진실로 헤아리게 된다. 다시 말해, 우리가 하나님을 두려워하지 않는다면, 우리 자신에 관해 참된 지식을 소유할 수 없다. 그 두려움이 없을 때, 자아 인식은 우리의 교만과 우리를 둘러싼 죄악된 문화가 주는 메시지를 통해 극도로 왜곡된다. 그러나 하나님과 그분의 구속에 깊은 감동을 받을 때 우리의 가면이 벗겨지며, 그때에 비로소 우리 자신의 참모습을 바라본다. 우리는 그분의 피조물이자 죄인이며, 용서를 받아 그분의 자녀로 입양된 이들이다.

잘 알려진 바와 같이, 주님을 향한 두려움은 또한 지혜의 시작이다(잠 9:10). 신자들은 하나님을 경외하시는 그리스도의 관점에 동참하며, 그분이 소유하셨던 지식과 지혜와 두려움의 영을 공유한다(사 11:2). 그리고 그들이 하나님을 향한 두려움 가운데서 자라 감에 따라, 그리스도께 속한 지혜를 더 온전히 누린다. 이때 신자들은 하나님과 그들 자신과 세상에 관해 깊은 지식과 통찰을 습득하며, 이를 통해 삶을 지혜롭게 헤쳐 나갈 힘을 얻는다. 그들에게는 하나님의 말씀이 실재의 모습을 보여주는 지도의 역할을 하며, 하나님을 향한 두려움은 그들이 올바른 길을 찾도록 인도하는 나침반이 된다.

이제 솔직히 말하자면, 하나님을 향한 두려움이 우리를 지혜로 인도하는 나침반이자 안내자가 된다는 것은 분명 예상 밖의 진술이다. 우리는 지혜를 구할 때, 본능적으로 우리 자신이나 더 탁월한 다른 이들의 지능에 의존한다. 그리고 우리는 지능과 지혜를 구분하는 데 어려움을 겪는다. 이상한 점은, 이 세상이 똑똑한 바보들, 곧 높은 지능을 지녔음에도 자신의 삶에서 매우 어리석은 길을 선택하는 이들로 가득하다는 것이다. 우리가 대부분의 과학 실험실 또는 학회 모임에 잠시만 참여해도 알듯이, 지능 그 자체는 삶을 슬기롭게 헤쳐 나가기 위한 안전한 안내자가 될 수 없다. 우리의 능력을 올바르게 활용하기 위해서는 하나님을 향한 두려움이 필요하며, 그 두려움이 없을 때 우리의 모든 능력은 그저 골칫거리일 뿐이다. 예를 들어, 인터넷에서 활동하는 젊고 똑똑한 신학적 불량배들을 생각해 보자. 그들은 자신의 생각처럼 총명할지 모르지만, 그들의 능력을 절제하지 않은 채 사용할 때 그들은 더욱 위험한 존재가 될 뿐이다.

이 사실은 자신의 능력을 의식하는 이들에게 도전을 제기하며, 다른 이들의 재능 앞에서 주눅 드는 모든 이에게 위로를 준다. 우리의 삶을 지혜롭게 헤쳐 나가도록 인도해 주는 것은 바로 하나님을 향한 경이에 찬 두려움뿐이다. 지혜의 시작이 되는 것은 이 두려움이지 우리의 지능이 아니다. 그러므로 시편 115:13은 이렇게 말한다.

> 높은 사람이나 낮은 사람을 막론하고
> 여호와를 경외하는 자들에게 복을 주시리로다.

하나님은 재능이 있는 자가 아닌 그분을 두려워하는 이들에게 복을 내리신다.

신자들은 주님을 향한 두려움을 품음으로 지식이 많은 동시에 지혜로운 자들이 된다. 실제로 본질적인 사안들, 곧 하나님과 우리 자신 그리고 우주의 본성과 이야기를 아는 일에 관해 다룰 때, 신자들은 그 두려움 덕분에 가장 위대한 천재보다 더 지식이 많으며 가장 탁월한 현자보다 더 지혜롭다.

하나님을 닮아 가기

주님을 향한 두려움은 하나님을 아는 지식을 가져오는데, 그 지식은 메마르고 열매 없는 앎이 아니다. 하나님을 두려워하는 이들이 그분을 알 때, 그들은 실제로 거룩하고 신실하며 사랑이 많고 자비로우신 그분의 모습을 닮아 간다. 예를 들어, 아브라함이 아들 이삭을 하나님께 신실하게 바쳤던 일은 그가 그분을 두려워했음을 보여주는 증거였다(창 22:12). 주님을 향한 두려움이 우리 마음속에서 불길같이 타오를 때, 그것은 우리의 더러운 내면을 정화하는 효력을 낸다. "여호와를 경외함으로 말미암아 악에서 떠나게 되느니라"(잠 16:6; 또한 출 20:20 참조). 그 두려움은 우리의 죄악된 갈망을 소멸하며, 거룩한 갈망이 생겨나게 한다. 여기서 중요한 것은 바로 '갈망'이라는 단어인데, 주님을 향한 두려움은 신자들이 그저 벌 받을까 두려워서 행실을 바꾼다는 의미에서 그들을 죄로부터 지켜 주는 것이 아니다. 오히려 우리는 그 두려움을 품을 때 하나님을 진심으로 흠모하게 되며, 죄를 혐오하는 동시에 온전히 그분을 닮은 존재가 되기를 열망한다.

이같이 하나님을 닮아 갈 때 우리는 행복한 존재가 된다. 결국 하나님은 "복되신" 분 또는 행복하신 분이기 때문이다(딤전 1:11). 우리가 받은 성령은 주님을 향한 두려움의 영이시며, 그분은 우리로 하여금 그리스도께서 그 두려움 가운데서 누리시는 즐거움에 동참하게 하신다(사 11:2-3). 하나님을 두려워할 때, 우리는 복되신 하나님의 생명에 참여한다. 어떤 이들은 하나님을 향한 두려움이 우리를 침울하고 답답하게 만들 것이라고 여길 수 있다. 하지만 실상은 정반대다. 불안과 우울로 이끌어 가는 죄악된 두려움과는 달리, 하나님을 향한 두려움에는 깊은 활력을 가져다주는 효과가 있다. 그 두려움은 우리를 행복하게 만든다. 우리가 그 두려움을 통해 이처럼 복되신 하나님을 알게 될 때, 어떻게 우리 마음속에서 행복감이 솟아나지 않겠는가? 우리는 초대 교회에 관한 다음의 기록에서 "주를 경외함"과 "성령의 위로"가 나란히 언급되는 것을 본다. "그리하여 온 유대와 갈릴리와 사마리아 교회가 평안하여 든든히 서 가고 주를 경외함과 성령의 위로로 진행하여 수가 더 많아지니라"(행 9:31). 우리는 하나님을 두려워할 때 성령이 베푸시는 위로를 깨달으며, 그리스도께서 하나님 안에서 누리시는 행복과 만족감에 동참한다.

주님을 두려워할 때, 신자들은 행복감을 누리며 하나님이 그러하시듯 관대한 마음을 품게 된다. 엘리야의 시대에 살았던 궁내 대신 오바댜에 관한 짧고 아름다운 이야기를 생각해 보자.

그때에 사마리아에 기근이 심하였더라. 아합이 왕궁 맡은 자 오바댜를 불렀으니 이 오바댜는 여호와를 지극히 경외하는 자라. 이세벨이 여호와의 선지자들을 멸할 때에 오바댜가 선지자 백 명을 가지고 오십 명씩 굴에 숨기고 떡과 물을 먹였더라(왕상 18:2-4).

오바댜는 하나님을 향한 두려움을 품었을 때, 결코 냉정하고 이기적인 사람이 되지 않았다. 오히려 그는 이세벨에게 쫓기는 선지자들에게 인정 많고 너그러운 태도를 보여주었다. 이렇듯 주님을 향한 두려움은 차갑고 무정한 태도와 정반대된다. 잠언 28:14은 두 마음가짐을 다음과 같이 주의 깊게 대조한다.

항상 경외하는 자는 복되거니와
마음을 완악하게 하는 자는 재앙에 빠지리라.

다른 이들에게 너그럽고 따뜻한 마음을 품는 것은 사실 그보다 앞서 우리 마음속에 존재하는 사랑이 흘러나온 결과다. 그것은 하나님을 향한 우리의 깊은 애착에서 비롯된 결과물이다. 이는 하나님을 두려워하는 이들이 (많이 오해되는 또 다른 용어를 사용하자면) 그분을 위한 질투심을 품고 있음을 의미한다. 이에 관해 찰스 스펄전은 다음과 같이 설명했다.

"네 하나님 여호와는……질투하시는 하나님이시니라"는 성경에 나오는 가장 숭엄한 진리 중 하나입니다. 우리는 이 진리의 존재를 헤아릴 수 있는데, 위대한 사랑은 그 위험한 이웃인 질투와 멀리 떨어져 있지 않기 때문입니다. 사랑하지 않는 사람들은 미움도 질투도 품지 않습니다. 그러므로 하나님의 마음속에서 타오르는 것처럼 강렬하고 무한한 사랑이 존재하는 곳에서는 질투 역시 존재해야 합니다.[5]

우리는 이 의로운 질투심을 이기적인 시기심과 혼동해서는 안 된다.

떨며 즐거워하다

전자의 질투심은 자신이 사랑하는 이를 결코 포기하지 않으며, 그 사랑의 대상을 적당히 바꾸려 하지도 않는 사랑의 마음이다. 성부 하나님이 자신의 사랑하는 아들을 위해 질투심을 품으셨듯이, 그리스도 역시 자신의 신부인 교회를 위해 질투심을 품으신다. 이와 마찬가지로, 하나님을 두려워하는 이들은 그분을 위해 사랑이 담긴 질투심을 품는다. 하나님이 질투하시는 하나님이듯, 그들 역시 그분과 동일한 방식으로 질투한다. 그들은 하나님을 흠모하기에, 그분의 영광이 손상되거나 우상 또는 사람들이 그 영광을 탈취하는 일을 참을 수 없다. 그들은 거짓된 가르침을 접할 때 괴로움을 느낀다. 그것이 자신의 관점과 대립해서가 아니라 그로 인해 하나님의 권위가 훼손되기 때문이다. 그들이 인간의 자기 의를 혐오하는 이유 역시, 그런 태도가 하나님의 은혜에 담긴 영광을 빼앗아가기 때문이다.

이처럼 하나님이 그분의 모든 영광 가운데 계심을 세심하게 헤아릴 때, 우리의 마음에는 그리스도를 닮은 또 다른 성품이 자라난다. 그것은 바로 겸손이다. 이에 관해 바울은 이렇게 기록한다. "높은 마음을 품지 말고 도리어 두려워하라"(롬 11:20). 이는 우리가 하나님 앞에서 경이감을 품으며 전율할 때, 자신을 신뢰하는 태도를 버리기 때문이다. 이 두려움은 참된 겸손의 핵심 요소이며, 그 본질은 우리 자신을 더 낮게 여기거나 자신에 관해 덜 생각하는 것이 아니라 주님의 임재 앞에서 더 깊이 경탄하는 것이다. 우리가 하나님을 향해 진실하고 복된 두려움을 품을 때, 그 두려움은 순전히 우리 자신을 잊게 만든다. 다시 말해, 그 두려움은 교만한 마음과 그로 인해 하

나님을 찾지 않는 문제에 대한 유일한 해결책이다. 하나님의 경이로
우신 모습을 바라보면서 기쁨과 전율을 느낄 때, 우리는 그분을 찬양
하며 진심 어린 기도로 그분 앞에 나아갈 수밖에 없다. 이때 우리는
스스로를 위대하게 여기거나 우리 자신의 힘에 의존할 수 없다. 그뿐
아니라, 이 두려움은 우리를 하나의 교회로 연합시키며 서로 동등하
게 만든다. 하나님의 자비로운 위엄에 비추어 자신을 살필 때, 우리
는 피조물이자 죄인으로서 모두가 동일하다는 사실을 발견한다. 이
두려움을 품은 이들은 하나님 앞에서 스스로를 자랑할 수 없으며, 그
렇기에 교회 안에 엘리트와 그보다 못한 부류들이 존재하는 것 역시
불가능하다. 또한 이 두려움은 깊은 사랑이 담긴 흠모의 마음이기에,
이를 통해 하나님 앞에서 동등한 위치에 놓인 모든 이들이 하나로
연합한다. 즉 우리가 한데 모여 그분 안에서 따뜻하고 겸손한 사랑의
교제를 나누게 한다.

하나님을 향한 올바른 두려움은 사랑과 기쁨, 겸손과 그분을 위
한 질투심을 포함한다. 이를 통해, 공허하고 마귀적인 종교인과 아름
답고 그리스도를 닮은 신자가 서로 구별된다. 또한 공허하고 탐욕스
러우며 직업적인 사역자와 기쁨과 만족에 차서 순전한 태도로 생명
력을 전달하는 사역자가 구별된다.

우리에게 힘을 주는 두려움

존 버니언의 『거룩한 전쟁』*The Holy War*은 인간 영혼의 도시를 둘러싼 공

194   떨며 즐거워하다

성전을 다룬 풍유적인 이야기인데, 이 책에서 그는 독자들에게 '경건한 두려움' 씨Mr. Godly-fear를 소개한다.6 이 '경건한 두려움' 씨는 "용감하고 담대하며 적극적인" 인물로서, 주님을 향한 두려움이 신자들에게 큰 힘을 준다는 버니언의 확신을 구현한다. 이 점은 특히 그들이 세상 사람들을 겁내며 불안을 느끼는 상황 속에서 그러했다. 존 플라벨은 버니언의 생각에 동의하면서 이렇게 언급했다. "육신에 속한 이들은 하나님이 아닌 사람만을 두려워하며, 믿음이 굳건한 그리스도인들은 사람이 아닌 하나님만을 두려워한다. 연약한 신자들은 사람을 너무 두려워하지만, 하나님에 대한 두려움은 너무 적게 품는다."7

현대 사회는 '사람을 향한 두려움'에 관해 언급하기를 꺼리는 경향을 보인다. 대신에 우리는 그것을 '사람을 기쁘게 하기', '또래 집단의 압력' 또는 '상호 의존성'codependency(보살핌을 필요로 하는 사람과 그것을 베푸는 사람 사이의 지나친 정서적 의존 관계―옮긴이)으로 지칭한다. 이런 두려움의 현상을 드러내는 고전적인 표지 가운데는 "아니오"라고 말하지 못하는 데서 오는 지나친 헌신이나 자존감의 이슈, 그리고 타인의 말과 시각과 행동에 너무 민감하게 반응하는 일 등이 있다. 또한 전도하기를 겁내는 일 역시 그 표지가 될 수 있음은 말할 필요도 없다.

오늘날 상호 의존성은 심각한 문제로 간주된다. 이 문제를 해결하기 위한 심리 치료 산업이 생겨났으며, 공항마다 있는 서점에서는 대중 심리학 서적들이 수백만 부씩 팔려 나간다. 서구 문화권은 낮은 자존감을 우리가 지닌 모든 정서적인 문제의 근원이자 우리 삶의 발전을 저해하는 요소로 본다. 다른 이들의 생각에 의존해서 자존감을 형성하는 문제에 대한 일반적인 처방은 '스스로를 더욱 사랑하라'는 것이다. 즉 우리 자신을 아끼고 사랑할 때, 다른 이들이 우리를 어떻게 여기는지는 그다지 중요하지 않게 된다는 것이다. 이는 자기애로 인해 생긴 질병을 더욱 심화된 자기애로 치유하려는 시도와 같다. 이런 모습이 우리 문화권에서 나타나는 것은 놀랍지 않은데, 우리 사회는 19세기 초의 철학자 G. W. F. 헤겔^{Hegel}이 끼친 영향 아래서 진전해 왔기 때문이다. 어떤 학자는 그에 관해 다음과 같이 언급했다. "헤겔의 유일한 잘못은 스스로를 최후의 심판자로 착각했다는 점이다. 그것은 심각한 잘못이었다"(헤겔은 서구인들이 자기 자신을 인생의 근본적인 척도로 삼도록 영향을 끼쳤다는 의미로 보인다—옮긴이).[8] 하지만 놀라운 점은 이 치료법이 실제로는 아무 효과가 없다는 것이다. 자신의 감정을 더욱 중시하며 스스로를 더 깊이 의식함으로 자존감을 강화하려 할 때, 우리는 그저 더욱 취약하고 예민한 존재가 된다.

성경에 따르면, 자신의 내면에 집중하는 일은 우리가 겪는 문제의 해답이 아니다. 오히려 그 일 자체가 우리의 문제다. 실로 그 일은 죄의 핵심적인 특징을 이룬다. 이는 다음과 같은 마르틴 루터의 유명한 진술에서 언급하는 바와 같다. "성경은 인간이 자기 자신에게 너무나 몰두하고 있음을 지적한다. 그리하여 그는 물리적인 유익뿐 아니라 영적인 유익까지도 자신의 목적을 위해 이용하며, 모든 일 가운데서 오직 자신만을 추구한다."[9] 하지만 스스로를 사랑하는 태도나

떨며 즐거워하다

자신감 또는 다른 이들에 대한 신뢰를 강화하는 것으로는 우리가 겪는 두려움을 가라앉힐 수 없다. 이러한 두려움과 불안에서 벗어나는 사람은 바로 주님을 두려워하며 신뢰하는 이들이다.

> 여호와께서 이와 같이 말씀하시니라.
> 무릇 사람을 믿으며 육신으로 그의 힘을 삼고
> 마음이 여호와에게서 떠난 그 사람은 저주를 받을 것이라.
> 그는 사막의 떨기나무 같아서
> 좋은 일이 오는 것을 보지 못하고
> 광야 간조한 곳, 건건한 땅,
> 사람이 살지 않는 땅에 살리라.
>
> 그러나 무릇 여호와를 의지하며
> 여호와를 의뢰하는 그 사람은 복을 받을 것이라.
> 그는 물가에 심어진 나무가
> 그 뿌리를 강변에 뻗치고
> 더위가 올지라도 두려워하지 아니하며
> 그 잎이 청청하며 가무는 해에도 걱정이 없고
> 결실이 그치지 아니함 같으리라(렘 17:5-8).

루터는 심각한 역경을 겪으면서, 주님을 향한 두려움이 다른 모든 두려움에 대한 치료책이 되는 것을 경험했다. 1521년의 보름스 의회에서 루터가 황제 앞에 나아가 사형 선고를 받기 전날 밤에, 친구들은 그에게 이렇게 권면했다. "용감하고 씩씩하게 행동하게. 몸은 죽여도 영혼을 해치지는 못하는 자들을 겁내지 말고, 몸과 영혼 모두를 지옥에 던지실 수 있는 분을 경외하기 바라네(마 10:28 참조)."[10] 다음 날, 루터는 황제 앞에 서서 다음과 같이 유명한 선언을 남겼다. "나는 내가 인용한 성경 본문에 매여 있으며, 나의 양심은 하나님의 말씀에 사로잡혀 있습니다. 따라서 나는 아무것도 철회할 수 없으며, 또 그리하지도 않을 것입니다."[11] 그런데 이 내용을 확언하기 직전에, 그는 자신의 동기를 황제에게 이렇게 설명했다. "우리는 하나님의 경륜이 얼마나 놀라우며 두려운지 마땅히 생각해야 합니다. 그렇지 않으면, 우리가 어떤 다툼을 해결하려고 시도했던 일의 결과로 거대하고 용납할 수 없는 악이 생겨납니다. 만일 우리가 하나님의 말씀을 저버리면서 그 일에 나선다면 그렇게 될 것입니다.……그러니 우리는 하나님을 두려워해야 합니다."[12]

사도 베드로 역시 자신의 경험을 통해 이 교훈을 얻었던 것 같다. 그는 분명 사람들에 대한 두려움과 씨름했던 인물이다. 그는 그리스도께서 십자가에 못 박히시기 전날 밤에 그분을 세 번이나 부인했으며, 이후에는 안디옥에서 "할례자들을 두려워하여" 복음을 저버렸다(갈 2:12). 그의 첫 번째 서신을 받았던 독자들은 아마 이 모든 일을 알고 있었을 것이다. 그러므로 베드로는 스스로를 낮추는 특유의 태도를 드러내면서, 자신이 터득한 지혜를 독자들에게 나누어 준다. "의를 위하여 고난을 받으면 복 있는 자니 그들이 두려워하는 것

떨며 즐거워하다

을 두려워하지 말며 근심하지 말고 너희 마음에 그리스도를 주로 삼
아 거룩하게 하고"(벧전 3:14-15).

그렇다면 주님을 향한 두려움은 어떻게 사람에 대한 두려움과
불안에서 우리를 해방시킬 수 있을까? 본질적으로, 그 두려움은 이
집트 마술사들의 지팡이를 집어삼켰던 아론의 지팡이와 같은 역할
을 한다. 우리의 마음속에서 주님을 향한 두려움이 자라 감에 따라,
다른 모든 두려움은 힘을 잃고 쇠퇴하며 마침내 소멸한다. 여호와께
서는 이사야에게 이렇게 권고하셨다. "이 백성이 반역자가 있다고
말하여도 너희는 그 모든 말을 따라 반역자가 있다고 하지 말며 그
들이 두려워하는 것을 너희는 두려워하지 말며 놀라지 말고 만군의
여호와 그를 너희가 거룩하다 하고 그를 너희가 두려워하며 무서워
할 자로 삼으라"(사 8:12-13). 우리 마음속에서 주님을 향한 두려움
이 가장 중요한 위치를 차지할 때, 다른 모든 두려움은 가라앉는다.
이와 마찬가지로, 여호수아는 가나안 정복을 앞둔 이스라엘 백성에
게 다음과 같이 권면했다. "그 땅 백성을 두려워하지 말라. 그들은 우
리의 먹이라. 그들의 보호자는 그들에게서 떠났고 여호와는 우리와
함께하시느니라. 그들을 두려워하지 말라"(민 14:9). 예수님도 산상
수훈에서 매우 유사한 말씀을 제자들에게 베푸셨다. 그분은 제자들
에게 염려하지 말라고 권면하시면서, 자신의 근심거리에서 눈을 돌
려 하나님 나라를 바라보도록 인도하셨다.

그러므로 염려하여 이르기를 무엇을 먹을까 무엇을 마실까 무엇을 입

을까 하지 말라. 이는 다 이방인들이 구하는 것이라. 너희 하늘 아버지 께서 이 모든 것이 너희에게 있어야 할 줄을 아시느니라. 그런즉 너희 는 먼저 그의 나라와 그의 의를 구하라. 그리하면 이 모든 것을 너희에 게 더하시리라(마 6:31 - 33).

이때 예수님은 마치 어린아이가 울 때 엄마 아빠가 장난감을 흔들면 서 그리하듯이, 그저 제자들의 주의를 잠시 딴 데로 돌리셨던 것은 아니다. 그분은 그들의 근본적인 관점을 바로잡아 주셨다. 우리의 두 려움은 우리의 시야를 차단하고 방향 감각을 잃게 하는 안개와 같으 며, 그로 인해 우리는 주위의 어떤 사물도 보지 못한다. 그러므로 예 수님은 하나님과 그분의 나라가 하늘의 태양처럼 그들의 관점 한가 운데 자리 잡도록 이끄셨다. 즉 하나님과 그분의 나라가 모든 것 위 에 있으며 모든 사물을 환히 비추는 실재가 되도록 하셨다.

정확히 말하자면, 주님을 향한 두려움이 다른 두려움들을 약화 하며 소멸시키는 이유는 단순히 다른 두려움의 대상보다 하나님을 더 큰 존재로 인식하기 때문만은 아니다(물론 그런 측면이 있는 것은 분명하다). 이 점에서도 창조주 하나님을 향한 경이에 찬 두려움과 마 찬가지로, 자비로운 구속주를 향한 즐거움에 찬 두려움이 도움을 준 다. 우리 안에서 사납게 요동치는 근심을 잠재우는 것은 바로 그분 의 아름다움이다. 예를 들어, 시편 27편에서 다윗은 여호와의 "빛"과 "구원"이 자신의 두려움에 대한 치료제라고 고백한다. 그는 여호와 께서 자신의 요새와 피난처와 즐거움의 원천이 되셨음을 노래하면서, 그분의 아름다움에 초점을 맞춘다.

여호와는 나의 빛이요 나의 구원이시니
내가 누구를 두려워하리요.
여호와는 내 생명의 능력이시니
내가 누구를 무서워하리요.

악인들이 내 살을 먹으려고
내게로 왔으나
나의 대적들, 나의 원수들인 그들은
실족하여 넘어졌도다.

군대가 나를 대적하여 진 칠지라도
내 마음이 두렵지 아니하며
전쟁이 일어나 나를 치려 할지라도
나는 여전히 태연하리로다.

내가 여호와께 바라는 한 가지 일 그것을 구하리니
곧 내가 내 평생에 여호와의 집에 살면서
여호와의 아름다움을 바라보며
그의 성전에서 사모하는 그것이라.

여호와께서 환난 날에 나를

그의 초막 속에 비밀히 지키시고

그의 장막 은밀한 곳에 나를 숨기시며

높은 바위 위에 두시리로다.

이제 내 머리가 나를 둘러싼

내 원수 위에 들리리니

내가 그의 장막에서 즐거운 제사를 드리겠고

노래하며 여호와를 찬송하리로다(1-6절).

여기에는 자신의 염려를 극복할 힘이 필요하거나, 인기는 없지만 의로운 삶의 길을 추구할 힘을 필요로 하는 모든 그리스도인을 위한 진리가 있다. 그 진리는 주님을 향한 두려움이 우리에게 힘을 주는 유일한 두려움이라는 것이다. 이것은 특히 어떤 형태의 지도자로 부름받은 이들에게 중요한 진리인데, 이 두려움이 주는 것은 바로 겸손한 능력이기 때문이다. 하나님을 두려워하는 이들은 그분의 아름다움과 위엄 앞에서 겸손해지는 동시에 새로운 힘을 얻는다. 그럼으로써 그들은 온유한 마음을 유지하며, 자신의 힘을 가지고서 다른 이들을 지배하려는 태도를 버린다(벧전 3:15에서 베드로는 "온유"와 "두려움"[φόβος^포보스]을 나란히 언급하는데, 이는 상당히 중요한 의미를 지닌다). 따라서 주님을 향한 두려움은 루터가 파악했던 목회자들의 두 가지 주된 허물에 대한 치료책이 된다.

이제 이 두 가지 허물을 언급해 보기로 하자. 그것들은 바로 연약함 과 엄격함이다. 전자의 허물에 관해 스가랴 11:17은 이렇게 선포한다. "화 있을진저, 양떼를 버린 못된 목자여." 그리고 후자에 관해 에스겔 34:4은 이렇게 말한다. "다만 포악으로 그것들을 다스렸도다." 이 두 가지 주된 허물은 그것으로부터 목회자들의 모든 잘못이 생겨나는 근 원이 된다.[13]

목회자든 아니든, 우리 모두는 기질적인 측면에서 둘 중 어느 한 쪽 으로 기우는 경향을 보인다. 어떤 이들은 본성적으로 코뿔소와 같다. 그들은 강인하고 대담하지만 온유하지 않다. 또 다른 이들은 사슴과 유사하다. 그들은 분명 부드럽고 온유하지만, 동시에 예민하며 변덕 이 심하다. 주님을 향한 두려움은 두 가지 기질 모두를 바로잡고 아 름답게 바꾸어 준다. 이는 신자들이 그 두려움을 통해 온유한 힘을 얻음으로 이루어진다. 그리하여 그들은 그리스도와 마찬가지로 어린 양과 사자를 동시에 닮은 존재가 된다.

교회사는 하나님을 향한 두려움이 온유한 힘을 지닌 신자들을 빚 어낼 수 있음을 보여준다. 예를 들어, 장 칼뱅과 찰스 스펄전은 모두 본성적으로 소심하며 겁이 많았다. 하지만 그들의 마음속에서 하나님 을 향한 두려움이 자라 감에 따라, 그들은 복음을 위해 어린양처럼 온 유하면서도 담대한 사자 같은 인물이 되었다. 스펄전이 잉글랜드의 종교개혁자 휴 래티머Hugh Latimer에 관한 다음의 이야기를 회중에게 전했 을 때, 그는 자신의 체험을 통해 얻은 교훈을 일깨웠던 것이 분명하다.

이것은 나이 든 휴 래티머가 헨리 8세 앞에서 설교했을 때 담대하게 행한 일에 관한 것입니다. 당시에는 궁정 설교자가 왕의 생일에 무언가를 선물하는 관습이 있었습니다. 그래서 래티머는 헨리 8세에게 손수건을 선물했는데, 그 손수건의 모퉁이에는 다음의 성경 구절이 새겨져 있었습니다. "음행하는 자들과 간음하는 자들을 하나님이 심판하시리라"(히 13:4). 이 구절은 그 뻔뻔한 왕에게 잘 들어맞았지요. 그다음에 래티머는 헨리 8세 앞에서 정욕의 죄를 꾸짖는 설교를 전했습니다. 그의 메시지에는 강력한 힘이 있었으며, 그는 그 내용을 헨리 8세의 삶에 구체적으로 적용하는 일 역시 빠뜨리거나 축소하지 않았습니다. 그러자 왕은 래티머가 다음 주일에 설교할 때 이 일에 대해 사과할 것과, 지금 전한 메시지를 취소하는 방식으로 설교의 내용을 구성하라고 명령했습니다. 래티머는 왕이 자신에게 그렇게 가벼운 처벌을 내린 것에 관해 감사를 표했지요. 마침내 다음 주일이 되었을 때, 래티머는 강단에 서서 이렇게 선포했습니다. "휴 래티머여, 그대는 오늘 위대한 브리튼과 프랑스의 왕이시며 높고 강한 군주이신 헨리 앞에서 말씀을 전하는도다. 만일 그대가 왕의 심기를 거스르는 말을 한 마디라도 내뱉는다면 그대의 목이 달아날 것이다. 그러니 그대가 행하는 바에 유의하라." 그러고는 다시 이렇게 외쳤습니다. "휴 래티머여, 그대는 오늘 전능하신 주 하나님 앞에서 설교하는도다. 그분은 그대의 몸과 영혼을 지옥에 던지실 수 있는 분이니라. 그러니 왕에게 진리를 있는 그대로 선포하라." 래티머는 그 말대로 행했으며, 자신의 각오에 걸맞은 모습을 보여주었습니다. 그런데 헨리 8세는 그의 목을 치지 않았습니다. 오

떨며 즐거워하다

히려 그를 더욱 존경하게 되었지요. 여기서 보듯이, 주님을 향한 두려움은 래티머에게 강한 확신을 주었습니다. 이 두려움을 굳게 간직하는 이들은 누구나 그런 확신을 얻게 됩니다.

성도들이여, 그분을 두려워하라.
그리하면 다른 어떤 것도 두려워하지 않게 되리라.[14]

그리스도인의 삶에서 벌어지는 두려움들 사이의 투쟁

두려움은 마음의 문제이므로, 자신의 두려움을 바로잡는 일은 쉽고 간단하게 이루어지지 않는다. 대적 마귀는 우리로 하여금 하나님과 다른 모든 존재를 겁내게 하며, 우리를 침울하고 불안한 상태에 빠지도록 만들려는 사악한 목표를 품는다. 하지만 마음속의 두려움과 깊은 감정들을 바로잡는 일은 우리가 날마다 참여해야 하는 싸움이다. 우리는 이 싸움을 자신의 의무인 동시에 즐거움으로 받아들여야 한다.

윌리엄 베이츠는 이 싸움이 우리의 의무인 이유를 다음과 같이 설명한다.

생각해 보면, 한 나라의 왕좌는 경쟁자를 허용하지 않는다. 마찬가지로, 우리가 (충성과 경의의 표시로서) 이 세상의 주권적인 창조주께만 품어야 할 두려움 역시 어떤 피조물이 그 대상이 되어서는 안 된다. 피조물을 지나치게 두려워하는 자들은 하나님을 왕좌에서 끌어내리고 인간을 신격화한다. 우리의 마음이 하나님에게서 멀어지게 방치하는 것은 신성모독이며, 피조물에게 지나친 애착을 쏟는 것은 우상숭배다.[15]

우리는 하나님을 향해 지극히 깊은 두려움을 품도록 지어졌으며, 다른 무언가를 그 대상으로 삼는다면 실재의 참모습에 어긋나게 된다. 즉 경배와 흠모의 마음을 다른 사람이나 사물에게 쏟을 경우, 하나님은 그분의 마땅한 권리를 빼앗기시며 우리는 행복을 상실하게 된다. 그런데 베이츠는 한 걸음 더 나아가, (매우 부정적인 표현을 써서) 우리의 두려움이 이같이 그릇된 대상을 향할 때 무서운 결과가 초래된다고 주장한다.

생각해 보면, 피조물을 향한 지나친 두려움은 배교의 근원이다. 그런 태도를 품은 이들은 자신의 영혼보다도 자기 목숨을 건지는 편을 선택할 것이며, 그들의 믿음은 누군가가 그들을 죽이려고 위협할 때마다 흔들릴 것이다. 이는 다음의 격언에서 언급하는 바와 같다. "겁쟁이는 배교자가 될 것이다." 하나님을 두려워하지 않는 이들은 감히 그분을 위해 죽으려 하지 않는다. 그리고 이 세상에 대한 애착이나 죽음의 두려움을 벗어나지 못한 이들은 순교자가 되지 못한다. 그들은 하나님을 끝까지 붙들지 못하며, 그렇기에 배교자나 다름없는 이들이 된다.[16]

베이츠는 우리 앞에 두 갈래의 길을 제시한다. 하나는 천상을 향해

떨며 즐거워하다

나아가는 길인데, 그 길은 하나님의 자녀로서 흠모에 찬 두려움 가운데 자라 가는 길이다. 다른 하나는 지옥으로 치닫는 길인데, 그 길은 불안과 공포가 눈덩이처럼 커지는 내리막길이다. 그러므로 우리는 죄악된 두려움을 그대로 방치해서는 안 된다. 오히려 올바른 두려움을 가지고 죄악된 두려움에 맞서 싸워야 한다.

그런데 이 싸움은 우리의 의무일 뿐 아니라 깊은 즐거움을 가져다주기도 한다. 하나님을 향한 죄악된 두려움을 그대로 품고 있을 때, 우리는 죄책감에 매여 그분을 멀리하며 그분의 모든 선하심을 누리지 못한다. 또한 사람들을 향한 두려움에 빠져 있을 때, 우리는 그들의 온갖 비판 앞에서 낙심하며 참된 교제를 누리지 못한다. 우리의 대적 마귀는 이런 일들이 우리 안에서 벌어지도록 부추긴다. 하나님을 향한 올바르고 복된 두려움이 그분의 진리에 의해 양육되듯이, 죄악된 두려움은 사탄의 거짓말들을 모판으로 삼아 자라난다. 이 점에 관해 버니언은 이렇게 언급한다.

사탄은 항상 너무 이르거나 늦은 방식으로 생각하도록 우리를 미혹한다. 그가 사람들로 하여금 자신이 하나님의 자녀라고 믿도록 만들려 할 경우, 그는 그들이 여전히 그의 노예이자 자신의 정욕에 매인 노예로 있을 때 그렇게 한다. 반대로, 사람들로 하여금 자신이 그의 노예라고 믿게 하려 할 경우, 그는 그들이 이미 하나님의 자녀가 되었으며 양자의 영을 받아 아들 됨에 대한 증언을 얻었을 때 그렇게 한다. 이러한 사악한 습성은 사탄의 본성 속에 깊이 뿌리박고 있는데, 그는 "거짓말쟁이요 거짓의 아비"이기 때문이다. 성도들은 무엇보다도 진리의 영이신 성령이 행하시는 일과 그분의 질서를 사탄이 늘 거스르려고 애쓴다는 점에서 그가 거짓말하는 자임을 알게 된다(요 8장).[17]

사탄의 거짓말은 하나님의 자녀로서 품는 두려움을 신자들에게서 빼앗으며, 그들의 마음속에 그분에 대한 비굴한 공포심과 서로 간의 경쟁 심리만을 남겨 놓는다. 그럼으로써 신자들 사이의 진정한 교제 역시 사라진다. 따라서 우리는 모든 불안을 물리치는 하나님의 진리를 가지고 그의 계략에 맞서야 한다. 즉 근심에 잠긴 우리 마음속의 싸움터 가운데로 하나님의 약속을 가져와야 한다. 하나님의 말씀은 그분을 향한 올바른 두려움을 가져다주며(시 19:7-9), 이를 통해 우리는 자유를 얻는다(약 1:25). 이때 우리는 그리스도 안에 안전히 거하면서, 전능하신 하나님이 인자한 구속주이자 사랑이 많으신 아버지라는 점과 우리가 그분을 부를 때 우리 곁에 임하셔서 기꺼이 도우려 하신다는 점을 다시금 되새긴다. 여기서 우리는 다음의 말씀을 기억해야 한다.

여호와께서는 그 모든 행위에 의로우시며
그 모든 일에 은혜로우시도다.
여호와께서는 자기에게 간구하는 모든 자
곧 진실하게 간구하는 모든 자에게 가까이 하시는도다.
그는 자기를 경외하는 자들의 소원을 이루시며

떨며 즐거워하다

또 그들의 부르짖음을 들으사 구원하시리로다(시 145:17 - 19).

지금 존재하는 불안의 문화 가운데서, 우리는 하나님을 향한 올바른 두려움을 품음으로써 자신이 선포하는 복음의 아름다움을 부각하며 그 실재를 증언한다. 이를 통해 우리는, 하나님을 향한 두려움에서 벗어날 때 우리의 문화가 덜 불안한 것이 된다는 무신론자들의 주장이 거짓임을 입증할 수 있다. 실상은 그와 정반대다. 우리는 하나님을 향한 두려움이 기쁨과 즐거움을 주며, 점점 더 탈기독교적인 성격을 띠는 서구 문화 속에 밀어닥치고 있는 불안과 염려로부터 우리를 해방한다는 것을 보여줄 수 있다.

하나님의 두려우신 성품에 참여하기

이 점에서 "솔로몬의 아가"(1:1)는 아름다운 통찰을 준다. 조나단 에드워즈에 따르면, '아가서'Song of Songs라는 명칭 자체가 그 내용에 관한 높은 기대를 품게 한다.

솔로몬이 이 노래를 지칭하는 방식은 이것이 평범한 사랑의 노래 이상 임을 확증한다. 즉 이것은 신성한 노래가 되도록 만들어졌으며, 그 안에는 신적인 권위가 담겨 있다는 것이다. 열왕기상 4:32에서 우리는 솔로몬의 노래들이 "천다섯 편"이었다는 것을 본다. 솔로몬은 지금 이 노래를 '노래 중의 노래'로 지칭하는데, 이는 이것이 그가 지은 모든 노래 가운데 가장 탁월했음을 의미한다. 내 생각에는 그것이 지극히 고상한 주제, 곧 그리스도와 그분의 신부인 교회의 사랑과 연합과 친교를 다룬 노래였기 때문인 것 같다. 그리스도와 교회의 이러한 관계에 견줄 때, 우리의 결혼과 부부애는 그저 그림자에 불과하다.[18]

아가서에는 두 명의 주인공이 등장하는데, 바로 사랑하는 이와 그에게 사랑받는 여인이다. 사랑하는 이는 다윗과 마찬가지로 목자인 동시에 왕이지만(1:4, 7), 또한 다윗의 자손이다(3:7). 5:2-3에서 그는 사랑받는 여인의 집 앞에 서서 문을 두드린다(이는 예수님이 "문 밖에 서서 두드리"시는 계 3:20의 내용을 떠올리게 한다―옮긴이). 3장에서 그가 탄 마차는 성막/성전을 연상시키며, 그가 연기 기둥과 같은 모습으로 광야에서 올라오는 것은 출애굽기에서 이스라엘 백성에게 임하셨던 주님의 모습을 상기시킨다(6절). 이때 그의 몸에서는 성전에서 쓰이는 물품들의 향기가 풍긴다. 그의 사랑을 받는 여인은 출애굽 당시의 이스라엘 백성과 같은 모습으로 묘사되는데, 이는 그 여인이 자기 연인의 품에 기댄 채로 광야에서 올라온다는 구절에서 드러난다(8:5). 또한 이사야 5:1-7에서 언급하는 이스라엘과 마찬가지로, 그 여인은 거듭해서 예루살렘과 포도원에 비유된다(아 8:10-12). 여인은 그의 신부인 동시에 누이인데(4:9), 그리스도 역시 교회의 신랑인 동시에 그 형제가 되신다. 한편 레위기 18:9의 율법에서 자신의 누이와 혼인하는 것을 금지했음을 감안할 때, 이 아가서의 본문이 평범한 유대인들의 연애담을 다룬다고 보기는 어렵다.[19]

일반적인 연인들은 죽음을 통해 서로 이별하지만, 아가서에 나타난 이들의 사랑은 죽음만큼이나 강력하다. 그렇기에 심지어 홍수조차도 그 사랑을 쓸어 가지 못한다(아 8:6-7). 이 모든 점을 살필 때, 아가서는 주로 그리스도와 교회의 특별한 사랑 이야기를 서술하는 것으로 보인다. 또한 아가서의 내용이 (신약에서 그리스도에 관한 예언으로 언급되는) 시편 45편과 전반적으로 유사한 것 역시 인상적이다. 그러므로 아가서가 신약의 계시록과 마찬가지로 "오라!"고 부르는 신부의 외침으로 끝맺는 것은 이상하지 않다.

이러한 맥락 가운데서, 신랑은 자신의 신부에 관해 다음과 같이 눈길을 끄는 내용을 언급한다.

> 내 사랑아, 너는 디르사같이 어여쁘고,
> 예루살렘같이 곱고,
> 깃발을 세운 군대같이 당당하구나.
> (…)
> 아침 빛같이 뚜렷하고
> 달같이 아름답고 해같이 맑고
> 깃발을 세운 군대같이 당당한 여자가 누구인가(6:4, 10).

아가서의 신부는 군대와도 같다. 그 여인은 해같이 빛나며, 그 빛을 반사하는 달의 아름다움을 지닌다. 1:5-7에서 그 여인은 수줍어하고 겁 많은 소녀였지만, 이제는 당당한 전사다. 모세의 얼굴이 주님

의 영광을 반사하면서 빛났듯이, 교회 역시 자신의 신랑이신 그리스
도의 당당한 위엄을 반사한다. 우리는 사도 바울의 글을 통해, 신자
들이 성령 안에서 "영광에서 영광"으로 나아가는 동시에 그리스도의
형상으로 변형되어 간다는 진리를 배운다(고후 3:18). 이 아가서의
본문은 그 변형이 구체적으로 그분의 당당한 모습을 드러내는 존재
로 자라 가는 일을 의미함을 알려 준다.

교회는 성령의 인도 아래서 그리스도의 형상을 닮아 가며, 그 과
정에서 세상 사람들 앞에 거룩함과 복됨, 행복과 온전함, 아름다움의
두렵고도 신적인 특질을 드러내기 시작한다. 교회는 어두운 세상 속
에서 달과 같이 빛나면서 경이감과 두려움을 동시에 자아낸다. 신자
들은 마치 루이스의 『천국과 지옥의 이혼』에 등장하는 천상의 '견고
한 이들'과 같이 되며, 온전할 뿐 아니라 사랑과 기쁨이 가득한 그들
의 삶은 다른 이들에게 두려움을 준다. 이런 신자들의 모습은 말로
설명할 수 없는 깊은 매력을 지니지만, 동시에 불신자들을 괴롭게 한
다. 그들의 삶이 불만과 왜곡으로 가득하다는 것을 드러내기 때문이
다. 이처럼 신자들은 하나님을 두려워하는 가운데, 그들이 섬기는 하
나님과 마찬가지로 복되고 아름다우며 두려운 존재가 된다.

떨며 즐거워하다

8장

영원한 환희

주님의 임재 안에서 모든 이들은 전율한다. 그분의 임재 앞에서 아브라함과 여호수아, 다윗, 에스겔, 다니엘, 바울 그리고 요한은 모두 얼굴을 땅에 대고 엎드렸다(창 17:3; 수 5:14; 대상 21:16; 겔 1:28; 단 8:17; 행 9:4; 계 1:17). 사람들은 주님의 놀라운 영광에 압도되어 깊은 두려움에 떨었으며, 자신들이 죽게 될 것이라고 여겼다(삿 13:20-22). 하지만 이같이 전율했던 것은 사람들만이 아니다. 성전의 보좌에 앉으신 주님에 대한 이사야의 환상에서, 우리는 "화답하는 자의 소리로 말미암아 문지방의 터가 요동"한 것을 본다(사 6:4). 그뿐 아니라 성경은 주님이 강림하실 때 다음과 같은 일들이 일어난다고 언급한다.

그로 말미암아 산들이 진동하며

작은 산들이 녹고

그 앞에서는 땅 곧 세계와 그 가운데에 있는

모든 것들이 솟아오르는도다(나 1:5).

이는 "그가 땅을 보신즉 땅이 진동하"기 때문이다(시 104:32).

　그러므로 그리스도께서 재림하실 때 만물이 진동하며 전율하게
되리라는 것은 놀랍지 않다. 이에 관해 성경은 이렇게 말한다. "[시
내 산에서는] 그 소리가 땅을 진동하였거니와 이제는 약속하여 이르
시되 내가 또 한 번 땅만 아니라 하늘도 진동하리라 하셨느니라"(히
12:26). 그런데 이러한 우주적인 진동과 전율은 과연 어떤 종류의 것
일까? 온 하늘과 땅에 걸쳐 일어나는 이 전율은 분명 기쁨과 환희에
찬 움직임일 것이다. 그러므로 다윗이 하나님의 보좌가 있는 언약궤
를 예루살렘으로 옮겨 왔을 때, 그는 이 사건이 하나의 예표가 되는
미래의 날에 관해 다음과 같이 노래했다.

온 땅이여, 그 앞에서 떨지어다.

세계가 굳게 서고 흔들리지 아니하는도다.

하늘은 기뻐하고 땅은 즐거워하며

모든 나라 중에서는 이르기를 여호와께서 통치하신다 할지로다.

바다와 거기 충만한 것이 외치며

밭과 그 가운데 모든 것은 즐거워할지로다.

그리할 때에 숲속의 나무들이 여호와 앞에서 즐거이 노래하리니

주께서 땅을 심판하러 오실 것임이로다.

여호와께 감사하라. 그는 선하시며

그의 인자하심이 영원함이로다(대상 16:30 - 34; 또한 시 96:11 - 13 참조).

이때 온 땅이 즐거움으로 진동하는데, 이는 온 땅이 신자들의 기쁨에 동참하기 때문이다. 이렇듯 하나님이 임재하실 때, 신자들은 그분의 자녀로서 기쁨에 찬 두려움을 한껏 누린다.

피조물이 고대하는 바는 하나님의 아들들이 나타나는 것이니 피조물이 허무한 데 굴복하는 것은 자기 뜻이 아니요 오직 굴복하게 하시는 이로 말미암음이라. 그 바라는 것은 피조물도 썩어짐의 종노릇한 데서 해방되어 하나님의 자녀들의 영광의 자유에 이르는 것이니라. 피조물이 다 이제까지 함께 탄식하며 함께 고통을 겪고 있는 것을 우리가 아느니라(롬 8:19-22).

과거에는 "여호와의 영광이 그 성전에 가득"했으며, 이스라엘의 모든 백성은 "여호와의 영광이 성전 위에 있는 것을 보고 돌을 깐 땅에 엎드려 경배하며 여호와께 감사하여 이르되 선하시도다. 그의 인자하심이 영원하도다"라고 하였다(대하 7:1-3). 장차 임할 마지막 날에는 주님의 영광이 마침내 온 땅을 가득 채우며, 그분의 백성들이 경이감과 기쁨에 찬 두려움을 품고서 그 발아래 엎드려 그분을 찬미하게 된다.

그런데 주님이 이처럼 영광 중에 나타나실 때, 불신자들이 느끼는 죄악된 두려움은 깊은 공포와 경악으로 바뀐다. 그러므로 그들은 "굴과 산들의 바위틈에 숨어 산들과 바위에게 말하되 우리 위에 떨어져 보좌에 앉으신 이의 얼굴에서와 그 어린양의 진노에서 우리를 가리라. 그들의 진노의 큰 날이 이르렀으니 누가 능히 서리요" 하고 외칠 것이다(계 6:15-17). 마지막 때 주님이 영광 중에 나타나실 때 신자들의 마음에는 구속주를 향한 기쁨에 찬 두려움이 충만하지만, 불신자들의 마음에는 심판자를 향한 새로운 수준의 공포심이 가득 차게 된다.

그날에는 불신자들의 죄악된 두려움과 신자들의 올바른 두려움 모두가 점점 더 고조되는 새로운 세대가 도래한다. 그리하여 두 종류의 두려움 모두 극치에 이르며, 마침내 각 사람의 영원한 상태가 될 것이다. 한편에 속한 사람들은 공포의 절정을, 다른 편에 속한 이들은 기쁨의 황홀경을 끝없이 경험할 것이다.

지옥은 두려움의 세계다

지옥은 모든 불신자가 가는 종착지로서 끔찍한 곳이 될 것이다. 죽음은 "공포의 왕"(욥 18:14)이며, 지옥은 영원한 죽음이 머무르는 장소다. 그곳은 모든 죄악된 두려움들이 모여드는 웅덩이이며, 거기서 죄인들은 거룩함을 향한 공포심에 매인 채로 있을 것이다. 마귀들이 하나님의 존재를 믿고서 두려움에 떨듯이(약 2:19), 지옥의 거주자들

떨며 즐거워하다

은 하나님과, 또한 더러움을 드러내는 그분의 영광스러운 빛을 증오할 것이다. 그분의 임재 앞에서, 그곳에 있는 자들의 "마음이 녹으며 모든 손이 약하여지며 각 영이 쇠하며 모든 무릎이 물과 같이 약해"질 것이다(겔 21:7). 이 땅의 왕들이 마지막 때 산과 바위들을 향해 "보좌에 앉으신 이의 얼굴에서……우리를 가리라"고 간청하듯이(계 6:16), 지옥에 있는 자들도 어디론가 숨기를 갈망할 것이다. "살아 계신 하나님의 손에 빠져 들어가는 것이 무서울진저"(히 10:31). 그들은 이미 그런 상태에 있으면서도 결코 그분께로 돌이키려는 마음을 품지 않는다. 그들은 다음의 글에서 이사야가 묘사했던 바와 같이, 겁에 질린 시온의 죄인들과 같은 상태에 있다.

> 경건하지 아니한 자들이 떨며 이르기를
> 우리 중에 누가 삼키는 불과 함께 거하겠으며
> 우리 중에 누가 영영히 타는 것과 함께 거하리요(사 33:14).

처음에 죄는 이 세상을 두려움이 가득한 곳으로 만들었으며, 지옥은 그 두려움의 절정이다. 그곳에서는 사그라지지 않는 두려움이 끝없이 계속되며, 죄악된 두려움이 극치에 이른다.

하늘 역시 두려움의 세계다

1738년에 조나단 에드워즈는 고린도전서 13장에 관해 일련의 설교를 전했다. 이때 그는 다음과 같이 언급하면서 그 설교들을 마무리했다. "하늘은 사랑의 세계입니다."[1] 여기서 그는 '하늘은 두려움의 세계'라고 표현할 수도 있었을 것이다. 그가 그 설교들에서 묘사한 사랑은 황홀한 두려움에 찬 기쁨과 경이감이었기 때문이다. 에드워즈에 따르면, 그곳에서 성도들은 "사랑으로 빛나는 불꽃같은" 존재가 된다.[2] 지옥은 모든 죄악된 두려움이 모여드는 하수구와 같지만, 하늘은 성도들이 하나님의 자녀로서 기쁨에 찬 두려움을 다함없이 누리는 낙원이다.

지금 하늘은 이 복된 두려움이 머무는 장소다. 이에 관해 성경은 이렇게 언급한다. "하늘 기둥이 흔들리며 놀라느니라"(욥 26:11). 그 이유는 무엇일까? 이는 그곳이 "경외하는 이"의 처소이기 때문이다.

> 하나님은 거룩한 자의 모임 가운데에서 매우 무서워할 이시오며
> 둘러 있는 모든 자 위에 더욱 두려워할 이시니이다(시 89:7).

그곳에서는 "거룩한 자"들이 하나님을 두려워하기를 기뻐한다. 그분이 어떤 분이신지를 명확히 헤아리기 때문이다. 그들은 창조주이신 그분 앞에서 전율에 사로잡힌다.

> 주께서 바다의 파도를 다스리시며
> 그 파도가 일어날 때에 잔잔하게 하시나이다.
> 주께서 라합을 죽임당한 자같이 깨뜨리시고

주의 원수를 주의 능력의 팔로 흩으셨나이다.

하늘이 주의 것이요 땅도 주의 것이라.

세계와 그중에 충만한 것을 주께서 건설하셨나이다(시 89:9 - 11).

그런데 "거룩한 자"들은 하나님의 거룩하심을 더 깊이 들여다보며, 이를 통해 만물을 창조하신 전능하신 능력 배후에 있는 그분의 성품을 헤아린다. 그럼으로써 그들은 사랑이 많은 구속주이신 그분 앞에서 기뻐한다.

의와 공의가 주의 보좌의 기초라.

인자함과 진실함이 주 앞에 있나이다.

즐겁게 소리칠 줄 아는 백성은 복이 있나니

여호와여, 그들이 주의 얼굴빛 안에서 다니리로다.

그들은 종일 주의 이름 때문에 기뻐하며

주의 공의로 말미암아 높아지오니

주는 그들의 힘의 영광이심이라.

우리의 뿔이 주의 은총으로 높아지오리니

우리의 방패는 여호와께 속하였고

우리의 왕은 이스라엘의 거룩한 이에게 속하였기 때문이니이다

(시 89:14 - 18).

하늘에서 그들은 다음과 같이 소리 높여 외친다.

우리 주 하나님이여,

영광과 존귀와 권능을 받으시는 것이 합당하오니

주께서 만물을 지으신지라.

만물이 주의 뜻대로 있었고 또 지으심을 받았나이다(계 4:11).

또한 그들은 다음과 같이 외친다.

죽임을 당하신 어린양은

능력과 부와 지혜와 힘과 존귀와

영광과 찬송을 받으시기에 합당하도다(계 5:12).

그런데 하나님께 경배하는 이 하늘의 거주자들은 누구인가? 일차적으로 그들은 천사들이다(비록 성도들이 그들의 찬미에 동참하기는 하지만). 여기서 잠시 하나님께 두려움에 찬 경배를 드리는 천사들의 모습을 살펴볼 필요가 있다. 그들은 하늘에서 하나님이 어떠한 경배를 받으시는지에 관한 본을 보여주기 때문이다. 하늘에서 천사들은 하나님께 경배하도록 부름받으며(히 1:6), 그분의 보좌 앞에 얼굴을 땅에 대고 엎드려 간절하고 열렬하게 그 일을 수행한다(계 4:10; 7:11; 11:16). 이사야 6장에서 스랍들은 주님의 보좌 위를 날면서 이렇게 소리 높여 외친다.

거룩하다 거룩하다 거룩하다 만군의 여호와여,

그의 영광이 온 땅에 충만하도다(3절).

이 천사들은 두 날개로 자신들의 얼굴을 감싸는데, 아마도 눈앞에 드러난 하나님의 지극한 영광의 빛으로부터 스스로를 보호하기 위한 것 같다. "스랍"이라는 단어는 히브리어 동사 שָׂרַף 싸라프, "태우다"에서 파생한 것으로, 그들이 "여호와의 불", 곧 거룩한 사랑으로 타오르는 존재임을 시사한다(아 8:6). 이 하늘의 천군들은 하나님을 즐거워하는데, 그분 앞에는 충만한 기쁨이 있다(시 16:11). 그리고 그들은 그분의 능하신 행위들을 기뻐한다. 그리스도께서 탄생하셨을 때 천사들은 하나님을 찬미하면서 이렇게 노래했다.

지극히 높은 곳에서는 하나님께 영광이요
땅에서는 하나님이 기뻐하신 사람들 중에 평화로다(눅 2:14).

또한 성경은 하나님이 세상을 창조하셨던 때에 관해 이렇게 말한다.

그때에 새벽별들이 기뻐 노래하며
하나님의 아들들이 다 기뻐 소리를 질렀느니라(욥 38:7).

이 마지막 구절은 성경에서 별들과 천사들이 서로 밀접히 연관됨을 보여주는 사례다. 이 구절은 천사들(또는 "하나님의 아들들")이 자녀로서 품는 올바른 두려움의 본이 됨을 뚜렷이 강조한다. 우리는 계시록에 기록된 요한의 환상에서 이러한 연관성을 보는데, 이 본문은 "일곱 별은 일곱 교회의 사자"(계 1:20)라고 언급한다. 그런데 우리는 "만군의 여호와"^{the Lord of hosts(armies)}라는 하나님의 이름에 관해서도 생각해 볼 필요가 있다. "만군"은 때로는 천사들의 군대를 가리키며(왕상 22:19; 시 148:2), 때로는 분명히 별들을 지칭하기도 한다(신 4:19; 17:3; 왕하 23:5; 시 33:6). 그리고 때로는 별들과 천사들의 모든 구분이 사라지는데, 다음의 구절이 그러한 예다.

> 별들이 하늘에서부터 싸우되
> 그들이 다니는 길에서 시스라와 싸웠도다(삿 5:20).

조나단 에드워즈는 이 연관성을 염두에 두면서, 창세기 15:5에 관해 다음과 같이 언급했다(이 구절에서 하나님은 아브라함에게 그의 자손이 별과 같이 많을 것이라고 약속하신다). "창조주 하나님은 그 별들이 아브라함의 영적인 후손인 성도들을 가리키는 예표가 되도록 만드셨다. 사람의 눈으로 볼 때 그 별들의 숫자는 매우 많은데, 이는 그 성도들이 무수히 많을 것임을 보여주는 예표가 된다."[3] 주님이 셀 수 없이 많은 별들로 우주를 가득 채우셨듯이, 또한 자신의 아들들로 이 창조 세계가 가득 차도록 만드신다. 그리고 "하나님의 아들들"인 천사들과 마찬가지로, 성도들 역시 "별과 같이 영원토록 빛날" 것이다(단 12:3). 그들은 "하늘에 있는 천사들과 같"이 되어(마 22:30) 하나님의 보좌 주위에 한데 모일 것이다. 지금 빛나는 천사들이 황홀한

떨며 즐거워하다

기쁨과 두려움에 차서 얼굴을 땅에 대고 엎드려 하나님께 경배하듯이, 장차 모든 성도가 그분 앞에서 그와 같이 행할 것이다.

우리가 두려워할 분은 오직 하나님이시다

오늘날의 사회는 두려움을 철저히 부정적인 일로 생각하는 경향이 있다. 따라서 우리는 하나님이 계신 하늘에도 두려움이 남아 있으며, 그 두려움이 우리가 누리게 될 영원한 복락의 일부라는 가르침을 접할 때 충격을 받는다. 하지만 성경에 따르면, 주님을 향한 우리의 두려움은 영원히 지속된다(시 19:9). 그러므로 하늘의 천사들은 큰 음성으로 이렇게 외친다. "하나님을 두려워하며 그에게 영광을 돌리라"(계 14:7). 또한 다음과 같은 음성이 하늘에서 울려 퍼진다.

주여, 누가 주의 이름을 두려워하지 아니하며
영화롭게 하지 아니하오리이까(계 15:4).

그리고

하나님의 종들 곧 그를 경외하는 너희들아,
작은 자나 큰 자나
다 우리 하나님께 찬송하라(계 19:5).

확실한 점은, 장차 하늘에 있을 때 우리가 더 이상 아무 일도 겁내거나 무서워하지 않는다는 것이다. 그곳에서 하나님의 자녀들은 마침내 모든 위험으로부터 해방된다. 그때 우리는 정결해져서 하나님을 분명히 바라보며, 우리의 두려움 역시 온전히 바로잡힐 것이다. 그곳에서 우리는 더 이상 하나님의 징벌을 두려워하지 않으며, 그분을 향한 어떤 죄악된 두려움의 흔적도 우리 안에 남아 있지 않을 것이다. 그때 우리는 하나님의 참모습을 알고 온전히 기뻐하며, 어떤 왜곡이나 오해 또는 사악한 의심의 속삭임도 마음속에 머무르지 않을 것이다.

대신에, 우리는 하나님의 어떠하심을 제대로 깨달아 더욱 깊은 경이와 전율 가운데 그분을 경배할 것이다. 그리고 우리가 부활할 때, 우리는 "신령한 몸"을 얻으며 하늘에 속한 분의 온전한 형상을 입을 것이다(고전 15:44, 49). 그때 우리는 주님을 향한 두려움의 영으로 충만해지며, 그리스도께서 그 두려움을 통해 누리시는 즐거움에 참여할 것이다(사 11:2-3). 이때 성도들은 그 어떤 것도 겁내지 않으며, 하나님이 친히 누리시는 두려운 복락 가운데로 이끌려 들어갈 것이다. 또한 하나님의 영광을 바라보는 기쁨에 사로잡힐 것이다. 다시 말해, 우리의 영원한 즐거움은 바로 하나님을 향한 이러한 두려움 가운데 존재할 것이다. 이때 우리는 온전한 기쁨과 경탄을 누리며, 천사들과 마찬가지로 그분을 향한 열렬한 사랑을 품고 전율하면서 경이감 가운데 우리의 얼굴을 땅에 대고 엎드리게 된다. 조나단 에드워즈는 이러한 성도들의 상태를 다음과 같이 표현했다.

떨며 즐거워하다

성도들이 하나님과 그분의 사역을 깊이 알아 갈 때, 그들은 그분의 탁월한 속성들을 더 깊이 헤아릴 것이다. 또한 그분의 속성들을 깊이 헤아릴 때, (다른 모든 조건이 동일하다면) 그들은 그분을 더 깊이 사랑할 것이다. 또한 이처럼 하나님을 깊이 사랑할 때, (다른 모든 조건이 동일하다면) 그들은 그분 안에서 더 큰 기쁨과 행복감을 누릴 것이다.[4]

이뿐 아니라, 우리는 하나님을 바라보는 동안에 그분과 같이 될 것이다. "우리가 다 수건을 벗은 얼굴로 거울을 보는 것같이 주의 영광을 보매 그와 같은 형상으로 변화하여 영광에서 영광에 이르니 곧 주의 영으로 말미암음이니라"(고후 3:18). 마지막 때 "우리가 그와 같을 줄을 아는 것은 그의 참모습 그대로 볼 것이기 때문"이다(요일 3:2). 마침내 우리는 온전히 그리스도를 닮게 되며, 그분의 두려우신 아름다움을 공유하면서 두렵도록 영광스러운 존재가 될 것이다. 존 버니언은 『천로역정』의 두 번째 부분에서, 순례자들이 아름답고 흰 세마포 옷을 입은 장면을 다음과 같이 묘사하면서 이 진리를 전한다.

두 여인이 이렇게 치장했을 때, 그들은 서로에게 두렵도록 아름다운 존재로 보였다. 그들은 각기 자신의 영광스러운 모습을 헤아리지 못했지만, 상대방의 그러한 모습은 뚜렷이 볼 수 있었다. 그들은 서로를 자신보다 더 나은 존재로 여기기 시작했다. 그리하여 둘 중 한 사람은 이렇게 찬탄했다. "당신은 나보다 더 아름답습니다." 또 다른 이는 이렇게 고백했다. "당신은 나보다 더욱 단아하군요." 아이들 역시 자신의

옷차림을 바라보면서, 경이감에 사로잡힌 채로 서 있었다.[5]

그때 우리는 어떠한 거짓된 겸손도 없이, 그저 스스로를 잊은 채로 영광스럽고 환한 빛을 낼 것이다. 이와 동시에, 우리 바깥에 존재하는 하나님의 영광에만 깊이 몰입할 것이다. 그때 성도들은 달처럼 아름답고 해같이 밝으며, 깃발을 세운 군대같이 당당한 이들이 된다.

불꽃과 같은 존재들

지난 두어 세기 동안, 그리스도인들은 세속화되고 물질화된 이 세상의 문화 속에서 하늘이라는 천상적인 공간에 관해 언급하는 일이 다소 우습게 여겨진다는 것을 경험했다. 그들은 하늘에 관해 논할 때 자신의 선조보다 좀 더 신중한 태도를 취하면서, 그것이 성경적으로 참됨을 확립하는 것의 기본적인 필요성에 초점을 맞추는 경향을 보였다. 그러므로 하늘에 관한 현대의 논의와 과거 세대의 논의를 비교할 때 뚜렷한 차이점이 나타난다. 과거의 세대는 천상적인 황홀경과 우리가 그곳에서 경험할 일들이 지닌 강렬한 감정적 성격을 훨씬 더 적극적으로 표현했기 때문이다. 이들은 우리가 하나님의 임재 안에 있을 때 그저 미적지근한 행복감을 얻는 것이 아니라, 두렵고도 압도적이며 깊은 전율과 희열을 주는 즐거움을 누린다는 진리를 신자들의 마음속에 심어 주려고 했다.

찬송작가였던 아이작 와츠는 그런 태도를 보여준 인물의 한 예다.

하늘의 복된 거주민들은 환한 빛 가운데 계시는 하나님의 크신 위엄을 바라본다. 그때 그들은 영광스러운 경이감과 지극히 겸손한 공경의 마음을 품으며, 큰 즐거움에 차서 그분을 찬미한다.……성도들이 입술로 이 숭고한 언어를 표현하는 동시에 그들의 영혼이 초월적인 위엄 가운데 계시는 하나님을 바라볼 때, 그들은 복된 경이감과 놀라운 기쁨에 휩싸인다. 그리하여 그들은 지극히 깊은 거룩함과 겸손 가운데 그분께 경배한다. 이것이 천상의 세계에서 드리는 예배의 표상이다.[6]

와츠는 또 이렇게 언급한다.

오, 내 정신과 영혼이여, 그대들은 이런 일들을 묵상할 때 거룩한 황홀경에 사로잡히며 신적인 즐거움에 압도되지 않는가? 그처럼 스스로 충분하시며 헤아릴 수 없는 완전함 가운데 존재하시는 그분을 생각할 때, 그대들은 희열에 찬 경이감을 품게 되지 않는가?……나는 기뻐하며 전율을 느낀다.[7]

그리고 에드워즈는 다음과 같이 서술한다.

우리가 하늘의 상태에 관해 성경에서 무언가를 배울 수 있다면, 그것은 바로 성도들이 그곳에서 지극히 크고 생생한 사랑과 기쁨을 누린다는 것이다. 그곳에서 성도들은 말로 표현할 수 없이 감미로운 마음의 자극을 받는데, 그것은 가장 강력하고 활발한 감각 작용으로 다가온다.

그리하여 그들은 깊은 감동을 받고 생명력을 얻어 그 감각에 사로잡히며, 마침내 뜨거운 불꽃같은 존재가 된다.[8]

F. W. 페이버는 이 진리를 다음과 같이 시적으로 표현한다.

그리고 아버지여! 언젠가 천상에서
당신의 얼굴을 우리에게 드러내 보이실 때,
우리의 영혼은 그 어느 때보다 더
당신의 선하심 앞에서 두려워 떨 것입니다.

우리의 복됨은 당신의 모습을
그처럼 가까이서 바라보는 것이며,
그리하여 영원한 사랑은
오직 깊은 환희에 찬 두려움이 될 것입니다.[9]

우리는 하나님의 자녀로서, 하늘에 속한 이 온전한 두려움을 이 땅의 삶에서도 얼마간 체험한다. 이 일은 다 함께 모여 그분께 예배하면서 전심으로 찬송할 때 이루어진다.

즐거운 소리로 하나님께 외칠지어다.
지존하신 여호와는 두려우시고
온 땅에 큰 왕이 되심이로다(시 47:1-2).

우리는 복음이나 성경 또는 창조 세계의 아름다움을 바라보면서 깊은 경이감을 느끼거나, 감미로운 경배 가운데서 무릎을 꿇을 때가 있다. 그때 우리는 그 두려움의 향기를 맡는다. 이처럼 강렬한 정서에 압도될 때 우리의 몸은 자발적으로 반응하며, 이는 우리가 장차 기쁨에 차서 주님의 발 앞에 엎드리게 될 날의 일을 보여주는 작은 예고편이 된다.

실제로, 지금 우리가 체험하는 모든 두려움은 하나의 맛보기와 같다. 불신자들이 겪는 죄악된 두려움과 공포심은 지옥의 첫 열매이며, 그리스도인들이 하나님의 자녀로서 경험하는 두려움은 하늘의 첫 열매다. 지금 우리가 경험하는 두려움은 부분적이지만 마지막 날에는 무제한적일 것이다. 지금 그리스도인들은 진리를 부분적으로만 파악할 수 있으며, 그러므로 부분적으로 사랑하며 기뻐한다. 지금 우리는 하나님의 자녀로서 그분을 향해 전율에 찬 경이감을 느끼는 순간들이 지극히 희미하고 적음을 알기에 풀이 죽어 낙심한다. 그러나 하늘에서 그분의 참모습을 있는 그대로 바라볼 때, 우리는 온전하고 절대적인 환희에 사로잡힐 것이다. 에드워즈는 목회자로서 깊은 연민을 품고서, 우리가 현재 체험하는 영적인 빈곤을 하늘의 온전한 상태와 비교한 적이 있다. 그에 따르면, 현세의 삶에서 그리스도인들은 하나님을 경배하며 그분 안에서 즐거워하는 일을 충분히 누리지 못하도록 방해받는다.

지금 신자들은 무디고 둔한 상태에 있습니다. 그들은 무거운 짐과 같은 육체를 소유하고 있는데, 피와 살로 이루어진 이 육체는, 하나님의 사랑에 깊이 감동되어 불타오르는 우리 영혼의 활동을 위해서는 적합하지 않은 기관입니다. 오히려 그것은 영혼의 중대한 장애물이며, 그로 인해 신자들은 하나님을 향한 사랑을 마음껏 표현하지 못합니다. 이 육체 안에 있을 때, 그들은 자신이 바라는 만큼 충분히 생기 있게 활동하지 못합니다. 신자들은 자유롭게 하늘을 날기를 바라지만, 그 아래의 땅에 매여 있습니다. 자신의 무거운 몸이 그들을 끌어내리기 때문입니다. 신자들은 불꽃처럼 격렬히 활동하기를 바라지만, 자신의 몸 때문에 방해를 받고 매인 바 되어 하나님을 향한 사랑의 소원대로 행하지 못합니다. 그 사랑은 그들이 하나님을 찬미하도록 이끌지만, 그들의 혀는 말을 듣지 않습니다. 신자들은 자신의 영혼에 담긴 열정을 드러내기 원하지만, 자신의 아둔함 때문에 그 열정을 적절한 말로 표현하지 못합니다(욥 37:19). 그들은 종종 자신의 마음을 말로 다 담아낼 수 없기에, 그저 깊은 탄식을 발하는 데 그칩니다(롬 8:26). 하지만 하늘에서 신자들은 더 이상 그러한 장애물에 매이지 않을 것입니다. 그때 그들은 무디거나 둔하지 않으며, 하나님의 사랑을 거스르며 그분을 향한 마음을 적절히 표현하는 것을 방해하는 자신의 부패성과 씨름하지도 않을 것입니다. 그때 신자들은 육중한 진흙 덩어리와도 같은 육체, 자신의 내면에 담긴 천상의 불꽃을 드러내기에는 부적절한 그 육체에 더 이상 매이지 않을 것입니다. 그러므로 그들은 아무런 어려움 없이, 하나님을 향한 사랑을 전부 표현할 것입니다. 그들의 영혼은 사랑이 담긴 불꽃과도 같은데, 그때 그 불꽃은 무언가에 눌린 상태를 벗어나 온

전히 자유로운 모습으로 타오를 것입니다.[10]

위의 글에서 에드워즈는, 현재 우리의 무디고 둔한 상태와 장차 하늘
에서 누리게 될 영적인 생기와 활력이 넘치는 상태의 차이점을 뚜렷
이 묘사한다. 그런데 다른 한편으로, 성령은 지금 이곳에서도 신자들
의 삶을 소생시키고 계신다. 우리가 영적으로 거듭날 때, 그분은 우리
의 영혼에 새 생명을 불어넣으신다. 그다음에 우리가 영적인 무기력
을 벗어나 생동감 있게 살아갈 수 있도록 그분의 사역을 계속하신다.
그리하여 우리는 그리스도께서 아버지 하나님을 향한 두려움 가운데
누리시는 즐거움과 활력에 참여한다. 이러한 성령의 사역은 우리가
주님을 향한 두려움 가운데 자라 가게 하시는 일과 관련이 있다. 우리
는 주님을 두려워하는 일을 통해 더 큰 생명력을 얻는다. 이때 하나님
을 향한 사랑과 기쁨과 경이감, 그분을 향한 경배의 마음이 더욱 선명
해지며 깊어진다. 하나님 안에서 이같이 강렬한 기쁨을 누리면서 깊
은 전율에 사로잡힐 때, 우리는 가장 천상적인 이들이 된다.

하나님의 자녀로서 품는 두려움이 지닌 추방의 능력

글래스고의 유서 깊은 트론 교회에서 전해졌던 가장 유명한 설교는
아마도 토머스 찰머스Thomas Chalmers가 전한 '새로운 감정이 지닌 추방의
능력'일 것이다. 그는 이 설교에서 이렇게 주장했다. "우리의 마음에
서 죄악된 옛 감정을 몰아내는 것은 오직 새로운 감정이 지닌 추방

의 능력입니다."[11] 그의 요점은 우리가 자신의 의지력만을 발휘해서 하나님을 더 깊이 사랑하는 데로 나아갈 수는 없다는 것이다. 그리고 우리 안에 있는 죄를 사랑하는 마음은 오직 하나님을 사랑하는 마음을 통해서만 추방된다는 것이다. 이때 찰머스는 하나님을 향한 두려움에 관해 언급할 수도 있었을 것이다. 우리가 하나님의 자녀로서 품는 두려움은 경건의 정수인 동시에 성령이 우리 안에 심어 주시는 새 생명의 본질이기 때문이다. 그 두려움은 우리가 하나님을 향해 품는 궁극적인 감정이며, 천상의 향취 그 자체이다. 그것은 우리의 죄악된 두려움과 불안을 몰아내는 감정이며, 우리가 영적인 무기력을 떨치고 일어나도록 하는 감정이다. 하나님을 향한 이 감미롭고 전율에 찬 경이감 가운데 자라 갈 때, 우리는 지금 여기에서도 천상을 맛보게 된다.

떨며 즐거워하다

1장 겁내지 말라!

1 John Murray, *Principles of Conduct: Aspects of Biblical Ethics* (London: Tyndale, 1957), 229.

2 John Owen, *Temptation and Sin, vol. 6 of The Works of John Owen*, ed. William H. Goold (repr., Edinburgh: Banner of Truth, 1967, 382. (『죄와 유혹』 은성)

3 Martin Luther, *The Small Catechism, 1529: The Annotated Luther Study Edition* (Minneapolis: Fortress, 2017), 217. (『마르틴 루터 소교리문답·해설』 복 있는 사람)

4 Frank Furedi, *How Fear Works: Culture of Fear in the Twenty-First Century* (London: Bloomsbury, 2018), 22.

5 여기서 내 말은 과거의 서구 '기독교' 문화권이 하나님을 향해 올바른 두려움을 품은 거듭난 신자들로 가득 차 있었다는 의미가 아니다. 다만 그때는 하나님의 존재가 문화적으로 더 폭넓게 인정되었으며, 사람들은 그분을 향해 일종의 두려움을 품기까지 했다. 이러한 현상은 도덕 질서가 널리 존중받는 하나의 틀을 제공했다. 나아가, 과거에는 교회가 전반적인 문화에 더 큰 영향을 끼쳤으며, 하나님을 향한 올바른 믿음의 두려움은 사람들의 마음과 영혼에 자신이 공의롭고 거룩하신 하나님이 다스리시는 세상에 살고 있다는 폭넓은 인식을 가져다주었다.

6 Bertrand Russell, *Why I Am Not a Christian* (London: George Allen & Unwin, 1957), 22. (『나는 왜 기독교인이 아닌가』 사회평론)

7 Charles Kingsley, "Superstition: A Lecture Delivered at the Royal Institution,

April 24, 1866," *Fraser's Magazine* 73 (January-June 1866): 705-16.

8 이 문제를 유익하고 분별력 있게 다룬 논의로는 다음의 글을 보라. Michael R. Emlet, "Prozac and the Promises of God: The Christian Use of Psychoactive Medication," desiringGod(website), August 22, 2019, https://www.desiringgod. org/articles/prozac-and-the-promises-of-god.

9 John Flavel, "A Practical Treatise on Fear," in *The Whole Works of John Flavel*, vol. 3 (London: W. Baynes and Son, 1820), 239.

10 같은 책, 264.

11 같은 책, 245.

2장 죄악된 두려움

1 Wilhelmus à Brakel, *The Christian's Reasonable Service*, trans. Bartel Elshout, ed. Joel R. Beeke, vol. 3 (Grand Rapids, MI: Reformation Heritage, 1992), 291. (『그리스도인의 합당한 예배 1-4』 지평서원)

2 J. R. R. Tolkien, "On Fairy-Stories," in *Tree and Leaf* (London: George Allen & Unwin, 1964), 40.

3 John Bunyan, "A Treatise on the Fear of God," in *The Works of John Bunyan*, ed. George Offer, 3 vols. (Glasgow: W. G. Blackie & Son, 1854; repr., Edinburgh: Banner of Truth, 1991), 1:463. (『경외함의 진수』 지평서원)

4 John Flavel, "A Practical Treatise on Fear," in *The Whole Works of John Flavel*, vol. 3 (London: W. Baynes and Son, 1820), 245; George Swinnock, *The Works of George Swinnock*, vol. 3 (Edinburgh: James Nichol, 1868; repr., London: Banner of Truth, 1992), 295; William Gurnall, *The Christian in Complete Armour*, rev. and abr., 3 vols. (Edinburgh: Banner of Truth, 1986-1989), 1:119, 222, 263, 372, 373

(『그리스도인의 전신갑주 1, 2』 CH북스); 2:579; Bunyan, "A Treatise on the Fear of God."

5 크리스토퍼 히친스가 2007년 5월 13일에 폭스 뉴스의 프로그램인 *Hannity & Colmes*와 인터뷰한 내용이다.

6 Martin Luther, *Luther's Works*, vol. 23, *Sermons on the Gospel of St. John: Chapters 6-8*, ed. Jaroslav Jan Pelikan, Hilton C. Oswald, and Helmut T. Lehmann (St. Louis, MO: Concordia, 1999), 57.

7 *Luther's Works*, vol. 34, Career of the Reformer IV, 336-37.

8 *Luther's Works*, 23:336.

9 Thomas Manton, *Works of Thomas Manton*, vol. 9 (London: James Nisbet, 1872), 645.

10 Stephen Charnock, *The Works of Stephen Charnock*, 10 vols. (Edinburgh: James Nichol, 1864; repr. Edinburgh: Banner of Truth, 1985), 1:190-91.

11 John Colquhoun, *Treatise on the Law and Gospel*, ed. D. Kistler (1859; repr., Morgan, PA: Soli Deo Gloria, 1999), 143.

12 Bunyan, "A Treatise on the Fear of God," 448.

13 John Calvin, *Institutes of the Christian Religion*, ed. John T. McNeill, trans. Ford Lewis Battles (Louisville: Westminster John Knox, 2011), 1.16.3. (『기독교 강요』 생명의말씀사)

14 출애굽기 20장에 담긴 모세의 어법과 마찬가지로, 사무엘은 ירא라는 어근을 써서 이스라엘 백성이 겁을 냈던 일(삼상 12:20)과 여호와를 향한 그들의 올바른 두려움(삼상 12:24)을 모두 지칭한다.

15 C. S. Lewis, *The Great Divorce* (London: Geoffrey Bles, 1946; repr., London: Fount, 1997), 17. (『천국과 지옥의 이혼』 홍성사)

16 같은 책, 18.

17 같은 책, 46-47.

18 같은 책, 37.

19 같은 책, 46.

20 같은 책, 83-84.

21 같은 책, 87.

22 같은 책, 63에서 인용했다.

23 George MacDonald, *Unspoken Sermons, Second Series* (London: Longmans, Green & Co., 1885), 73-74.

24 Bunyan, "A Treatise on the Fear of God," 452.

3장 올바른 두려움

1 *Scofield Reference Bible*, 1909 ed., 607n1.

2 John Murray, *Principles of Conduct: Aspects of Biblical Ethics* (London: Tyndale, 1957), 229.

3 이에 관해서는 시편 67:7 역시 참조하라. 이 구절은, 교차 대구법을 써서 기록된 시편 67편의 절정을 이룬다.

4 C. H. Spurgeon, "A Fear to Be Desired," in *The Metropolitan Tabernacle Pulpit Sermons*, 63 vols. (London: Passmore & Alabaster, 1855-1917), 48:495.

5 William Gouge, *Domesticall Duties* (London: John Beale, 1626), 5.

6 J. Stephen Yuille, *Looking unto Jesus: The Christ-Centered Piety of Seventeenth-Century Baptists* (Cambridge: Lutterworth, 2014), xviii.

7 John Bunyan, "A Treatise on the Fear of God," in *The Works of John Bunyan*, ed. George Offer, 3 vols. (Glasgow: W. G. Blackie & Son, 1854; repr., Edinburgh: Banner of Truth, 1991), 1:460-61. (『경외함의 진수』 지평서원)

8 Spurgeon, "A Fear to Be Desired," 494.

9 William Bates, "On the Fear of God," in *The Whole Works of the Rev. W. Bates*, vol. 3 (London: James Black, 1815), 187.

10 Spurgeon, "A Fear to Be Desired," 498.

11 Hans Urs von Balthasar, *The Theology of Karl Barth*, trans. Edward Oakes (San Francisco: Ignatius, 1992), 287.

12 Spurgeon, "A Fear to Be Desired," 495.

13 F. W. Faber, "The Fear of God," in *Faber's Hymns* (New York: Thomas Y. Crowell & Co., 1894), 101.

14 Spurgeon, "A Fear to Be Desired," 496.

15 William Ames, "Conscience with the Power and Cases Thereof," in *The Workes of the Reverend and Faithfull Minister of Christ William Ames* (London: John Rothwell, 1643), 51.

16 Bates, "On the Fear of God," 183.

17 같은 책, 188.

18 Stephen Charnock, *The Complete Works of Stephen Charnock*, 10 vols. (Edinburgh: James Nichol, 1865), 4:163.

19 Bunyan, "A Treatise on the Fear of God," 438.

20 John Calvin, *Institutes of the Christian Religion*, ed. John T. McNeill, trans. Ford Lewis Battles (Louisville: Westminster John Knox, 2011), 1.10.2. (『기독교 강요』 생명의말씀사)

21 Bunyan, "A Treatise on the Fear of God," 490.

1 John Calvin, *Institutes of the Christian Religion*, ed. John T. McNeill, trans. Ford Lewis Battles (Louisville: Westminster John Knox, 2011), 1.1.3. (『기독교 강요』 생명의말씀사)

2 John Bunyan, "A Treatise on the Fear of God," in *The Works of John Bunyan*, ed. George Offer, 3 vols. (Glasgow: W. G. Blackie & Son, 1854; repr., Edinburgh: Banner of Truth, 1991), 1:478. (『경외함의 진수』 지평서원)

3 William Blake, "The Tyger" (1794).

4 George MacDonald, *Unspoken Sermons, Second Series* (London: Longmans, Green & Co., 1885), 73.

5 Isaac Watts, "Eternal Power, Whose High Abode" (1706).

6 Jonathan Edwards, *Religious Affections*, ed. John E. Smith, vol. 2 of *The Works of Jonathan Edwards* (New Haven, CT: Yale University Press, 1959), 263. (『신앙감정론』 부흥과개혁사)

7 Jonathan Edwards, "Personal Narrative," in *Letters and Personal Writings*, ed. George S. Claghorn, vol. 16 of *The Works of Jonathan Edwards* (New Haven, CT: Yale University Press, 1998), 791 – 92.

8 같은 책, 794.

9 같은 책, 792.

10 같은 책, 793.

11 같은 책, 794.

12 같은 책, 793 – 94.

13 C. H. Spurgeon, "A Fear to Be Desired," in *The Metropolitan Tabernacle Pulpit Sermons*, 63 vols. (London: Passmore & Alabaster, 1855 – 1917), 48:498.

14 Spurgeon, "A Fear to Be Desired," 496.

15 John Owen, *The Glory of Christ*, vol. 1 of *The Works of John Owen*, ed. William H. Goold (repr., Edinburgh: Banner of Truth, 1965), 279. (『그리스도의 영광』 지평서원)

16 같은 책, 395.

17 J. E. Stellar et al., "Awe and Humility," *Journal of Personality and Social Psychology* 114, no. 2 (2018): 258-69. 여기서는 258쪽의 내용을 인용했다.

18 C. L. Anderson, M. Monroy, and D. Keltner, "Awe in Nature Heals: Evidence from Military Veterans, At-Risk Youth, and College Students," *Emotion* 18, no. 8 (2018): 1195-1202.

19 J. E. Stellar et al., "Positive Affect and Markers of Inflammation: Discrete Positive Emotions Predict Lower Levels of Inflammatory Cytokines," *Emotion* 15, no. 2 (2015): 129-33.

20 Rudolph Otto, *The Idea of the Holy* (New York: Oxford University Press, 1958), 12-13. (『성스러움의 의미』 분도출판사)

21 C. S. Lewis, "Ex Libris," *The Christian Century* 79 (June 6, 1962): 719.

22 C. S. Lewis, *The Lion, the Witch and the Wardrobe* (London: Geoffrey Bles, 1950), 65. (『사자와 마녀와 옷장』 시공주니어)

23 K. Grahame, *The Wind in the Willows* (London: Methuen & Co., 1908), 133-36. (『버드나무에 부는 바람』 인디고)

24 Rudolf Otto, *Religious Essays: A Supplement to "The Idea of the Holy,"* trans. Brian Lunn (London: Oxford University Press, 1931), 114.

25 Jonathan Edwards, "That God Is the Father of Lights," in *The Blessing of God: Previously Unpublished Sermons of Jonathan Edwards*, ed. M. McMullen (Nashville: Broadman & Holman, 2003), 346.

26 Otto, *The Idea of the Holy*, 10.

27 같은 책, 20.

28 *Luther's Large Catechism* (St. Louis, MO: Concordia, 1978), 77. (『마르틴 루터 대교리문답』 복 있는 사람)

29 Otto, *The Idea of the Holy*, 18.

30 John Murray, *Principles of Conduct: Aspects of Biblical Ethics* (London: Tyndale, 1957), 236.

5장 아버지 하나님께 압도되다

1 Athanasius, *Against the Arians*, 1.34, in *A Select Library of Nicene and Post-Nicene Fathers of the Christian Church*, ser. 2, ed. Philip Schaff and Henry Wace, 14 vols. (1886 – 1889; repr. Peabody, MA: Hendrickson, 1994), 4:326.

2 Philipp Melanchthon, *Loci Communes* (1543), trans. J. A. O. Preus (St. Louis, MO: Concordia, 1992), 18. (『신학총론』 CH북스)

3 John Calvin, *Commentary on the Gospel according to John*, vol. 2, in *Calvin's Commentaries*, trans. William Pringle (Grand Rapids, MI: Baker, 1989), at John 13:31. (『칼빈주석 요한복음』 CH북스)

4 John Calvin, *Institutes of the Christian Religion*, ed. John T. McNeill, trans. Ford Lewis Battles (Louisville: Westminster John Knox, 2011), 1.2.1. (『기독교 강요』 생명의말씀사)

5 같은 책, 1.2.1.

6 같은 책, 1.14.2.

7 같은 책, 1.14.22.

8 같은 책, 2.6.1.

9 같은 책, 3.1.3.

10 George Offor, "Advertisement by the Editor," in John Bunyan, "A Treatise on the Fear of God," in *The Works of John Bunyan*, ed. George Offor, 3 vols. (Glasgow: W. G. Blackie & Son, 1854; repr., Edinburgh: Banner of Truth, 1991), 1:437. (『경외함의 진수』 지평서원)

11 Martin Luther, "Preface to the Complete Edition of Luther's Latin Writings, 1545," in *Luther's Works*, vol. 34, *Career of the Reformer IV*, ed. Jaroslav Jan Pelikan, Hilton C. Oswald, and Helmut T. Lehmann (St. Louis, MO: Concordia, 1999), 336 – 37.

12 *Luther's Large Catechism* (St. Louis, MO: Concordia, 1978), 77. (『마르틴 루터 대교리문답』 복 있는 사람)

13 같은 책, 77.

14 같은 책, 70.

15 *Summa theologiae*, II–II.19.10, in *New English Translation of St. Thomas Aquinas's "Summa Theologiae,"* trans. Alfred J. Freddoso, accessed March 4, 2020, https://www3.nd.edu/~afreddos/summa-translation/TOC-part2-2.htm. (『신학대전』 바오로딸)

16 Offor, "Advertisement by the Editor," 437.

17 C. H. Spurgeon, "A Fear to Be Desired," in *The Metropolitan Tabernacle Pulpit Sermons*, 63 vols. (London: Passmore & Alabaster, 1855 – 1917), 48:497 – 98.

18 C. H. Spurgeon, "Godly Fear and Its Goodly Consequence," in *The Metropolitan Tabernacle Pulpit Sermons*, 22:232 – 33.

19 Calvin, *Institutes*, 1.2.2.

20 Jonathan Edwards, "Treatise on Grace," in *Writings on the Trinity, Grace, and Faith*, ed. Sang Hyun Lee, vol. 21 of *The Works of Jonathan Edwards* (New

Haven, CT: Yale University Press, 2003), 186.

21 C. H. Spurgeon, *C. H. Spurgeon's Autobiography, Compiled from His Diary, Letters, and Records, by His Wife and His Private Secretary, 1834–1854*, vol. 1 (Chicago: Curts & Jennings, 1898), 205.

6장 이 두려움을 키워 가는 방법

1 C. S. Lewis, "Man or Rabbit?," in *God in the Dock* (London: HarperCollins, 1979), 72. (『피고석의 하나님』 홍성사)

2 John Murray, *Principles of Conduct: Aspects of Biblical Ethics* (London: Tyndale, 1957), 229.

3 Martin Luther, *Luther's Works*, vol. 51, *Sermons I*, ed. Jaroslav Jan Pelikan, Hilton C. Oswald, and Helmut T. Lehmann (St. Louis, MO: Concordia, 1999), 139.

4 John Calvin, *Institutes of the Christian Religion*, ed. John T. McNeill, trans. Ford Lewis Battles (Louisville: Westminster John Knox, 2011), 1.2.2. (『기독교 강요』 생명의말씀사)

5 Thomas Boston, *The Whole Works of the Late Reverend Thomas Boston of Ettrick*, ed. Samuel McMillan, vol. 3 (Aberdeen: George and Robert King, 1848), 6.

6 John Owen, "An Exposition upon Psalm 130," in *Temptation and Sin*, vol. 6 of The Works of John Owen, ed. William H. Goold (repr., Edinburgh: Banner of Truth, 1967), 484. (『죄 용서: 시편 130편 강해』 부흥과개혁사)

7 Martin Luther, *Luther's Works*, vol. 21, *The Sermon on the Mount and the Magnificat*, 298.

8 Martin Luther, *Luther's Works*, vol. 33, *Career of the Reformer III*, 294.

9 Aristotle, *The Nicomachean Ethics*, trans. and intro. D. Ross, rev. J. L. Ackrill and J. O. Urmson (Oxford: Oxford University Press, 1998), 29. (『니코마코스 윤리학』 도서출판 숲)

10 Martin Luther, *Luther's Works*, vol. 31, *Career of the Reformer I*, 12.

11 Martin Luther, *Luther's Works*, vol. 35, *Word and Sacrament I*, 368.

12 John Owen, *The Holy Spirit*, vol. 3 of *The Works of John Owen*, ed. William H. Goold (repr., Edinburgh: Banner of Truth, 1966), 370–71. (『개혁주의 성령론』 여수룬)

13 Martin Luther, *Luther's Works*, vol. 44, *The Christian in Society I*, 30, 38–39.

14 John Calvin, *Commentary on the Gospel according to John*, vol. 2, in *Calvin's Commentaries*, trans. William Pringle (Grand Rapids, MI: Baker, 1989), at John 13:31. (『칼빈주석 요한복음』 CH북스)

15 Calvin, *Commentary*, John 13:31.

16 John Brown, *Expository Discourses on I Peter*, vol. 1 (Edinburgh: Banner of Truth, 1975), 472–73.

17 Owen, "An Exposition upon Psalm 130," 324.

18 같은 책, 469.

19 C. H. Spurgeon, "A Fear to Be Desired," in *The Metropolitan Tabernacle Pulpit Sermons*, 63 vols. (London: Passmore & Alabaster, 1855–1917), 48:495.

20 George MacDonald, *Unspoken Sermons, Second Series* (London: Longmans, Green & Co., 1885), 74.

21 C. H. Spurgeon, "Forgiveness and Fear," in *The Metropolitan Tabernacle Pulpit Sermons*, 50:224.

22 같은 책, 224.

23 MacDonald, *Unspoken Sermons*, 74.

24 John Bunyan, "The Saints' Knowledge of Christ's Love," in *The Works of John*

Bunyan, ed. George Offer, 3 vols. (Glasgow: W. G. Blackie & Son, 1854; repr.,
Edinburgh: Banner of Truth, 1991), 2:14.

25 John Bunyan, "The Water of Life," in *The Works of John Bunyan*, 3:546–47.

26 John Bunyan, "A Treatise on the Fear of God," in *The Works of John Bunyan*,
1:440. (『경외함의 진수』 지평서원)

27 Spurgeon, "A Fear to Be Desired," 499.

28 Calvin, *Institutes*, 1.5.9.

29 같은 책, 1.2.2.

30 같은 책, 3.2.41.

31 같은 책, 2.8.11.

32 Jonathan Edwards, *Religious Affections*, ed. John E. Smith, vol. 2 of *The Works
of Jonathan Edwards* (New Haven, CT: Yale University Press, 1959), 95. (『신앙감정론』
부흥과개혁사)

33 같은 책, 96.

34 같은 책, 115–16.

35 같은 책, 123–24.

7장 당당한 교회

1 John Bunyan, "A Treatise on the Fear of God," in *The Works of John Bunyan*,
ed. George Offer, 3 vols. (Glasgow: W. G. Blackie & Son, 1854; repr., Edinburgh:
Banner of Truth, 1991), 1:470. (『경외함의 진수』 지평서원)

2 John Calvin, *Institutes of the Christian Religion*, ed. John T. McNeill, trans.
Ford Lewis Battles (Louisville: Westminster John Knox, 2011), 2.2.18. (『기독교 강요』
생명의말씀사)

3 Helmut Thielicke, *A Little Exercise for Young Theologians* (Grand Rapids, MI: Eerdmans, 1996), 15. (『신학을 공부하는 이들에게』IVP)

4 Calvin, *Institutes*, 1.13.

5 C. H. Spurgeon, "Godly Fear and Its Goodly Consequence," in *The Metropolitan Tabernacle Pulpit Sermons*, 63 vols. (London: Passmore & Alabaster, 1855 – 1917), 22:233.

6 John Bunyan, "The Holy War," in *The Works of John Bunyan*, 3:351. (『거룩한 전쟁』CH북스)

7 John Flavel, "A Practical Treatise on Fear," in *The Whole Works of John Flavel*, vol. 3 (London: W. Baynes and Son, 1820), 241.

8 Robert W. Jenson, *The Knowledge of Things Hoped For: The Sense of Theological Discourse* (Oxford: Oxford University Press, 1969), 233.

9 Martin Luther, *Luther's Works*, vol. 25, *Lectures on Romans*, ed. Jaroslav Jan Pelikan, Hilton C. Oswald, and Helmut T. Lehmann (St. Louis, MO: Concordia, 1999), 345.

10 Martin Luther, *Luther's Works*, vol. 32, *Career of the Reformer II*, 108.

11 같은 책, 32:112.

12 같은 책, 32:111-12.

13 *Luther's Works*, 25:139.

14 Spurgeon, "Godly Fear and Its Goodly Consequence," 237.

15 William Bates, "On the Fear of God," in *The Whole Works of the Rev. W. Bates*, vol. 3 (London: James Black, 1815), 223.

16 같은 책, 223.

17 Bunyan, "A Treatise on the Fear of God," 453.

18 Jonathan Edwards, *Notes on Scripture*, ed. Stephen J. Stein, vol. 15 of *Works of*

Jonathan Edwards (New Haven, CT: Yale University Press, 1998), 92n147.

19 이 단락과 다음 단락은 다음의 책에 부친 내 서문에서 발췌한 내용이다. Richard Sibbes, *The Love of Christ: Expository Sermons on the Verses from Song of Solomon Chapters 4-6*, Puritan Paperbacks (Edinburgh: Banner of Truth, 2011).

8장 영원한 환희

1 Jonathan Edwards, "Charity and Its Fruits," in *Ethical Writings*, ed. Paul Ramsay, vol. 8 of *The Works of Jonathan Edwards* (New Haven, CT: Yale University Press, 1989), 366-97.

2 같은 책, 379.

3 Jonathan Edwards, *The "Blank Bible,"* ed. Stephen J. Stein, vol. 24 of *The Works of Jonathan Edwards* (New Haven, CT: Yale University Press, 2006), 157.

4 Jonathan Edwards, *The "Miscellanies," Entry Nos. a-z, aa-zz, 1-500*, ed. Thomas A. Schafer, vol. 13 of *The Works of Jonathan Edwards* (New Haven, CT: Yale University Press, 1994), 275-76.

5 John Bunyan, "The Pilgrim's Progress: From This World to That Which Is to Come," in *The Works of John Bunyan*, ed. George Offer, 3 vols. (Glasgow: W. G. Blackie & Son, 1854; repr., Edinburgh, Banner of Truth, 1991), 3:190. (『천로역정』 CH 북스)

6 Isaac Watts, *The World to Come* (London: W. Baynes, 1817), 271-72.

7 같은 책, 278-80.

8 Jonathan Edwards, *Religious Affections*, ed. John E. Smith, vol. 2 of *The Works of Jonathan Edwards* (New Haven, CT: Yale University Press, 1959), 114. (『신앙감정론』 부흥과개혁사)

9 F. W. Faber, "The Fear of God," in *Faber's Hymns* (New York: Thomas Y. Crowell & Co., 1894), 101.

10 Edwards, "Charity and Its Fruits," 378–79.

11 Thomas Chalmers, "The Expulsive Power of a New Affection," in *Posthumous Works of the Rev. Thomas Chalmers*, vol. 6 (New York: Harper & Brothers, 1848–1850), 253.

주제 색인

떨며 즐거워하다

떨며 즐거워하다

주제 색인

떨며 즐거워하다